新时代体育产业融合发展路径研究

李洪涛　陈　姣　侯广斌　著

中华工商联合出版社

图书在版编目（CIP）数据

新时代体育产业融合发展路径研究／李洪涛，陈姣，
侯广斌著．—北京：中华工商联合出版社，2023.6
ISBN 978-7-5158-3700-0

Ⅰ.①新…　Ⅱ.①李…②陈…③侯…　Ⅲ.①体育产
业—产业发展—研究—中国　Ⅳ.①G812

中国国家版本馆 CIP 数据核字（2023）第 109688 号

新时代体育产业融合发展路径研究

作　　者：李洪涛　陈　姣　侯广斌
出 品 人：刘　刚
责任编辑：于建廷　臧赞杰
封面设计：清　清
责任审读：傅德华
责任印制：陈德松
出版发行：中华工商联合出版社有限责任公司
印　　刷：北京毅峰迅捷印刷有限公司
版　　次：2024 年 1 月第 1 版
印　　次：2024 年 1 月第 1 次印刷
开　　本：710mm×1000 mm　1/16
字　　数：240 千字
印　　张：10.5
书　　号：ISBN 978-7-5158-3700-0
定　　价：55.00 元

服务热线：010-58301130-0（前台）
销售热线：010-58301132（发行部）
　　　　　010-58302977（网络部）
　　　　　010-58302837（馆配部、新媒体部）
　　　　　010-58302813（团购部）
地址邮编：北京市西城区西环广场 A 座
　　　　　19-20 层，100044
http://www.chgslcbs.cn
投稿热线：010-58302907（总编室）
投稿邮箱：1621239583@qq.com

工商联版图书
版权所有　侵权必究

凡本社图书出现印装质量问题，
请与印务部联系。
联系电话：010-58302915

前言 / PREFACE

　　随着经济的发展和社会的进步，中国体育产业取得了长足发展，在过程中获得了一定的阶段性成果，并且持续带动国民经济。当前中国体育事业发展战略中，较为重要的一点就是推动体育产业以科学、规范的形式进行发展，这也是产业结构适应中国新时代的重要举措。为了更好地让体育产业得到有效发展，需要对其进行改革，并且将其他产业与体育产业进行融合。这样不仅可以有效促进体育产业的可持续发展，而且还可以拉动相关产业的不断进步，加速国民经济水平的提升。

　　现如今，虽然中国体育产业的发展取得了良好的成绩，但是也存在着许多挑战，特别是进入 21 世纪以来，社会发展环境使体育产业发展面临着诸多问题，如果还是秉承不变的传统发展原则，那么很快就会被市场赶超，甚至是面临淘汰的境地。所以，体育产业需要加快与其他产业的融合，能够在融合的过程中探索出新的发展模式，实现体育产业新的关键竞争力，促进中国体育产业的可持续发展。鉴于此，作者撰写了《新时代体育产业融合发展路径研究》一书。

　　本书以体育产业融合发展为主线，对体育产业的科学化、规范化、系统化发展进行了重要研究。主要分为五章：第一章是体育产业基础理论以及体育产业融合的相关知识，让读者对体育产业及其融合有一定的了解；第二章是体育产业与"互联网+"的融合发展研究，将"互联网+"体育产业发展现状与挑战、消费市场发展现状与策略以及体育传媒转型发展策略进行分析，纵观"互联网+"时代下对体育产业的促进作用；第三章是关于体育产业与文化产业的融合发展的内容，首先从文化产业的兴起、文化产业及其发展模式以及国内外文化产业发展现状与趋势进行概述；其次是针对体育产业与文化产业融合发展可行性、机理与瓶颈进行分析，再次分析体育产业与文化产业融合发展的主要路径；最后针对两者的融合发展提出相应的对策与建议；第四章是体育产业与养老产业的融合发展研究，主要涉及四个方面的内容：一是分析中国养老产业的特点以及养老产业发展影响因素；二是将体育产业与养老产业融合发展的实质与动因进行分析；三是研究体育与养老产业融合发展的前景；四是分析两者融合发展的三大模式；第五章是体育产业与其他产业的融合发展研究，主要将体育产业与创意产业、动漫产业、服务产业以及电竞产业的融合发展作出相应的分析研究。

本书在内容撰写过程中，在内容上做到了理论与实践相结合，结构合理，内容翔实，条理清晰，有理有据，尽最大能力让读者感受到体育产业与其他产业融合发展的有利作用。在编写过程中，参阅了大量体育产业方面的相关领域专家、学者的著作和文献，学习和吸取了经验，同时得到了相关学者的大力支持，在此一并表示衷心感谢。限于水平和经验，本书难免存在不足之处，敬请批评指正。

作者
2023 年 2 月

目录 CONTENT

第一章 概 述

随着体育的全球化，体育产业也在很大程度上发展为一个新的产业。在一些西方发达国家，如美国，体育产业已经建立了一个相对完善的发展体系。但是，体育产业的概念还没有统一，这在一定程度上影响了体育产业的推广和进一步发展。以下对体育产业含义与发展历程、基础理论与经营体系以及体育产业融合基础内容作详细分析。

第一节 体育产业的基础理论与经营体系

一、体育产业的概念

体育产业，是 20 世纪 80 年代迅速流行起来的、与体育相关的复合名词之一。但由于各国的体育经济学家、体育产业学家、体育社会学家们，各自处于不同研究角度、不同研究立场、不同研究目的、不同社会背景，因而提出了各种不同的体育产业学观点，并因此给予体育产业研究相关的各种不同概念。

体育产业，是指以体育（职业体育和健康体育）为支撑点形成的基本产业，和围绕着推广体育（职业体育和健康体育）的活动过程，推销企业产品或企业服务或提升企业知名度而形成的体育相关产业。体育产业研究，可以分为专门研究体育产业的产生、发展背景和构成等方面的基础研究，以及专门研究指导体育产业实践、发展、对策等方面的应用研究两大部分。体育产业学是一门以应用研究为主导的实践性科学，因而体育产业自身拥有的基本特征，决定了体育产业完全不同于其他产业的特殊性。它既包括人们通常对产业领域划分的第二产业——制造业（建筑业、工业等），也包括第三产业——服务业（第一、二产业以外的所有产业），最近还有西方经济学家将它定位在开发人类自身智慧的第四产业。但无论如何定位，体育产业都必须是紧紧围绕体育活动或推广体育活动过程形成的产业。因此，以日本体育产业学家们的相关研究成果为基础，将体育产业划分为以下几种：

（1）体育用品产业。

（2）体育服务产业。

（3）体育空间设施产业。

（4）体育相关流通产业（体育服务产业+体育用品产业）。

（5）体育空间设施经营管理产业（体育服务产业+体育空间设施产业）。

（6）职业体育产业（基础产业或支撑产业）。

（7）健康体育产业（基础产业或支撑产业+健康产业+体育产业）。

（8）体育相关产业（利用体育的体育产业）。

（9）休闲体育产业（暂时还未形成规模，但已具雏形）。

体育用品、体育服务、体育空间设施为体育产业中的三大基本产业。体育相关流通和体育空间设施经营管理，是指体育服务和体育用品、体育服务和体育空间设施两大基本产业结合产生的新产业。体育相关产业是指围绕或利用体育的发展推广过程，推销企业产品或服务或提升知名度的产业。上述所有产业的支撑是职业体育和健康体育。同时，职业体育和健康体育自身也以产业的形式存在，并保持着高速发展。另外，暂时还列在八大产业之外的休闲体育产业，是目前正在逐步发展起来的又一新型产业，虽然暂时它还依附于体育的其他产业或其他的闲暇活动或群众体育活动之中，还没有形成独立的休闲体育产业，但是在 21 世纪，它必将发展成为第九大体育产业，并与职业、健康体育产业一起，形成支撑体育产业整体发展最牢固的、最强有力的三点支撑，形成新的体育产业发展动力，保证体育产业的可持续发展。

二、体育产业的基础理论

（一）体育产业类型理论

体育产业类型理论这里将讲述五类，它们分别是：复合型体育产业类型理论、体育相关产业类型理论、健康体育产业类型理论、混合型体育产业类型理论以及体育的双格调理论，下面进行详细讲述。

1. 复合型体育产业类型理论

随着社会改革的不断深入和市场经济体制的全面发展，我国的体育产业市场规模也在不断地扩大。首先从体育系统内部的"经营创收活动"开始，打破了过去计划经济观念的约束，体育走向了市场，作为一种"商品"进入人们的日常生活，因此自然而然地产生了新的体育产业类型——复合型体育产业类型。

复合型体育产业类型理论示意图，如图1-1所示。

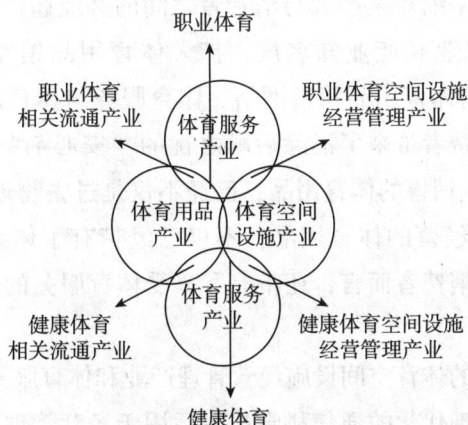

图1-1　复合型体育产业类型理论示意图

如图1-1所示，这时我国的体育产业已经得到了巨大的发展，过去单一的体育服务、体育空间设施、体育用品三大基本产业，开始出现了为满足人们体育消费需要，以"提供体育服务为主体"的复合型体育产业。复合型体育产业，主要是指体育服务产业和体育用品产业结合产生的"体育相关流通产业"，体育服务产业和体育空间设施产业结合产生的"体育空间设施经营管理产业"。这时我国的体育产业，可以说已经在过去三大产业的基础上发展成为五大产业。这五大产业发展的支撑就是职业体育和健康体育。这时的职业体育和健康体育，不仅支撑着其他体育产业的发展，而且自身同样也以产业的形式存在、经营、发展着，并且它的发展状况直接影响着其他五大体育产业的发展。在此有一点需要特别说明，这个时期我国已经出现了休闲体育产业的萌芽形式，只是它暂时还"寄生"于其他的体育产业类型之中或文化娱乐活动之中。虽然出现的"频率"在不断地加快，影响在不断地扩大，但暂时还难以形成市场规模，所以本文在此没有将休闲体育作为产业纳入"支撑"的系列。

在这个发展时期的体育用品产业，如果继续保持过去那样以"一个企业为主，各自为政"的"单干"式运营，已经满足不了体育产业自身发展和体育产业市场发展需要了，满足不了人们不断增长的体育消费需要了。许多大型体育用品生产企业，在积极、认真吸取过去中、小企业厂家直销经验的基础上，通过思考，开始选择了通过专门体育用品中间营销机构或体育用品连锁店的营销战略，来缩短生产者与消费者之间的必经途径，消除途中形成的种种阻碍，提高企业和产业知名度，扩大体育用品销路（销售点和销售面），建立起了专门体育用品销售网络。体育服务与体育用品两大产业的结合，给体育用品消费者带来了消除后顾之忧的"安心剂"，吃了一颗"定心丸"。因为这时企业销售的体育用品，已经不仅是过去物理概念上的物品了。通过专业公司销售经营的体育用品，不仅已经带有了体育文化的成分和内涵，相对体育用品消费者而言，还带有了享受体育服务的承诺和要求体育服务的权力。

这个发展时期的体育空间设施经营管理产业和体育服务产业，将计算机、因特网、多媒体等现代化的通信科学技术运用于经营管理之中，发挥出了人力难以达到的"软件"功能，使经营管理更加科学、更趋合理。例如：对于健美练习，计算机不仅能够准确检测出消费者需要加强锻炼的每一块肌肉，而且能够提供各种锻炼方法和提醒应该注意的各类事项，能够提供合理的周、阶段、季度、年的锻炼计划，能够提供满足锻炼者需要的能量食谱等。因而由此产生了"体育服务"也是一种资产（或资本）的经营思想，从而引申到了体育服务同样可以运用体育产业方法，跨出了"第三产业"和"流通领域"的思维局限和困惑，进入了一个更为广阔的发展天地。

综上所述，这个时期的体育产业，已经在过去的"无依无靠"单一型"三大基本产业"基础上，增加了支撑产业发展的"职业、健康"两大产业，和"复合"的"相关流通、经营管理"两大产业，发展到了如下七个主要类型：

（1）体育用品产业。

（2）体育服务产业。

（3）体育空间设施产业。

（4）体育相关流通产业（体育服务产业+体育用品产业）。

（5）体育空间设施经营管理产业（体育服务产业+体育空间设施产业）。

（6）职业体育产业（支撑产业或基础产业）。

（7）健康体育产业（支撑产业或基础产业、健康产业+体育产业）。

2. 体育相关产业类型理论

体育相关产业类型理论，是混合型体育产业类型理论中另一种表现形式。它主要是引导着职业体育和健康体育的高速发展，过去想加盟而没有加盟，或者过去应该加盟而没有加盟的体育产业，逐步加盟到了体育产业之中，成为以职业体育和健康为依托，围绕职业体育和健康体育发展的推广过程，推销企业产品或企业服务，实现企业自身目标的新型产业——体育相关产业。因此，在这种类型的体育产业中，"体育"只是作为实现企业目的的一种利用工具。同样，"体育"也是将自己作为一种标价商品在"拍卖"或"出售"。

体育相关产业类型理论示意图，如图1-2所示。

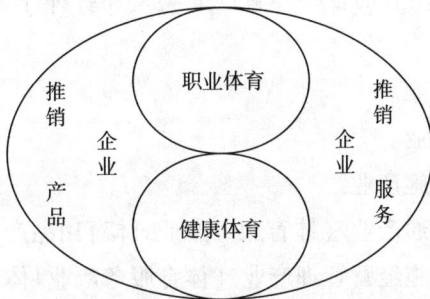

图1-2　体育相关产业类型理论示意图

体育相关产业类型理论示意图表示，体育相关产业类型理论是紧紧围绕职业体育和健康体育的推广和发展过程形成的。这个过程，只是企业推销自己企业产品或自己企业服务或提高自己企业知名度的一种"载体"或"媒介"。它推销什么或用什么方法推销等经营方法、手段、策略方面的问题，完全不受职业体育和健康体育"原义"的限制和约束。即使有限制和束缚，也只能是停留在"口头或纸面上"的，甚至只是停留在"道义上"的，而绝不会有实际内容和实际意义。当然，如果单纯从体育产业发展的角度分析，这种体育产业类型的产生和发展，大大扩展了体育产业的经营领域，迅速形成了新的、更为广阔的体育产业经营市场，从而大大加快了体育产业的发展速度，带动了其他体育产业的发展进程，提高了体育产业的整体发展水平。

例如：1984年，美国企业家尤布罗斯先生个人"承包"，完全运用商业经营手段，成功地举办了美国洛杉矶奥运会之后，体育商业赞助额"一日千里"，广告费"日新月异"，电视转播价格"突飞猛进"，一夜之间赞助、广告和电视变成了大型体育活动的三大主要经济来源。奥运会和大型国际体育比赛，像足球世界杯、足球欧洲杯、拳王争霸战等，变成了各国争相举办的、带动和促进地方经济发展的"经济盛会"，从而进一步地巩固了"体育经济"的社会地位，强化了体育的经济作用和经济功能。而体育相关产业类型理论的提出，不仅对这些新型的体育产业类型做出了更为合理的、人们更容易接受的解释，也对这些新型的体育产业类型做出了较为完美的总结和概括，并为体育产业经营领域和经营规模的扩大奠定了坚实的理论基础。

体育相关产业是已经产生的第八大体育产业类型。这八大体育产业类型，基本包括了目前所有的各种体育产业类型和各种体育行业类型。八个体育产业类型如下：

（1）体育用品产业。

（2）体育服务产业。

（3）体育空间设施产业。

（4）体育相关流通产业（体育服务产业+体育用品产业）。

（5）体育空间设施经营管理产业（体育服务产业+体育空间设施产业）。

（6）职业体育产业（基础产业或支撑产业）。

（7）健康体育产业（基础产业或支撑产业、健康产业+体育产业）。

（8）体育相关产业（利用体育的体育产业）。

3. 健康体育产业类型理论

健康体育产业，在已经作为支撑产业（或基础产业）被提出来以后，又作为一个单独的产业类型理论被提出来，是由健康体育产业自身拥有的特殊性质所决定的。健康体育产业并不是脱离"复合"产生的又一个新型体育产业类型，它在成为其他体育产业支撑以前已经完成了自身的一次"小复合"。因此，健康体育产业可以做出这样的进一步细分：健康体育产业=健康产业+体育产业。

健康体育产业类型理论示意图，如图1-3所示。

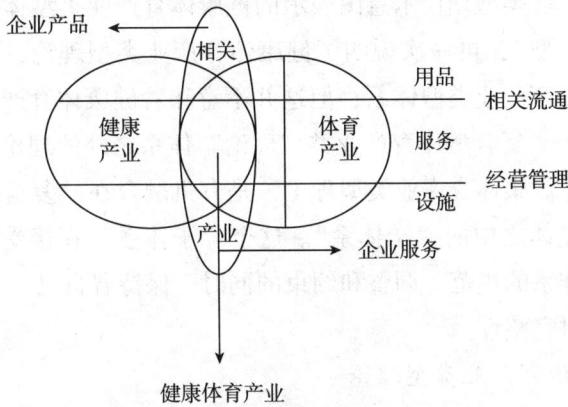

图1-3　健康体育产业类型理论示意图

健康体育产业类型理论示意图表示，健康体育产业是健康产业和体育产业的最佳结合。在健康体育产业中，既有体育产业的成分，也有健康产业的成分。而现代的健康概念，已经从过去的"身体健康—心理健康—身心健康"，发展到了"身体健康—心理健康—生活健康"这样一个更为广阔的范围。因此，它又自然地扩大到了健康体育产业领域，赋予了健康体育产业"身体健康—心理健康—身心健康到身体健康—心理健康—生活健康"这样一个宽广的特殊产业功能。所以，健康体育产业区别于职业体育产业，领先建立了独立的健康体育产业类型理论体系，可以说主要是得益于"健康概念"的不断完善和快速发展。运用"复合"体育产业类型的原理，把健康体育产业类型放在体育产业类型理论的系统整体之中来加以更进一步的分析，在保持健康产业和体育产业各自独立性的同时，健康产业和体育产业结合产生的健康体育产业，包括了如上图所示的七个主要产业类型：

（1）健康体育服务产业。

（2）健康体育用品产业。

（3）健康体育空间设施产业。

（4）健康体育相关流通产业（健康体育服务产业＋健康体育用品产业）。

（5）健康体育空间设施经营管理产业（健康体育服务产业＋健康体育空间设施产业）。

（6）健康体育产业（健康产业＋体育产业）。

（7）健康体育相关产业（利用健康体育的健康体育产业）。

健康体育产业类型理论示意图表示的健康体育产业类型体系中的"七种健康体育产业类型"，再一次说明了健康体育产业类型理论，虽然建立了一套完整的健康体育产业类型体系，但这并不意味着健康体育产业类型理论体系是完全独立于"复合型体育产业类型理论"体系之外的理论体系，而是更进一步地说明了健康体育产业类型理论，是有机融合在"复合型体育产业类型理论"体系整体之中的"子体系"。这个"子体系"在接受着复合型体育产业类型理论体系的规范、调整和约束的同时，保持着自己"子体系"的相对独立性和相对完整性。

4. 混合型体育产业类型理论

随着体育产业经营领域的不断扩大和体育产业的全球化发展趋势，在过去的各种体育产业类型基础上，欧美的体育经济学家们又提出了一种新型体育产业类型理论——混合型体育产业类型理论（也有许多学者称其为：综合型体育产业类型理论）。随着"经营概念"扩大后的现代经营理论的建立，在20世纪80年代，伴随国际"业余体育"最后一道"防线"的彻底崩溃，体育产业经营迅速超越了"体育"自身的营业范畴，打破了传统的体育产业经营观念，大踏步进入了跨行业、跨部门、跨领域、多业种结合的现代综合经营时代，现代体育产业经营观念指导下的"经营或组织一次大型体育活动"，不是过去体育组织或体育部门的单独行动了，经营者和组织者考虑的已经不只是运动员、教练员和裁判员等与活动直接有关的问题了，还要考虑如何满足广大观众多种需求相关的各种问题。

混合型体育产业类型理论示意图，如图1-4所示。

混合型体育产业类型理论表示，这个时期的各种体育产业类型，已经发展成为一个有机的"大型联合集团"或"大型联合舰队"了。在"职业体育"和"健康体育"两大体育产业或两大体育运动支撑下的各种类型体育产业，都可能被利用而成为推销企业产品或企业服务或提升企业知名度的支撑点和立足点，形成新的相关体育产业。这个时期每一种类型的体育产业，都可能自觉或不自觉地加盟到其他类型的体育产业中去，都可能自觉或不自觉地吸收其他类型的体育产业到自己的产业类型中来，从而使过去单一型和复合型体育产业，发展成更符合现代体育产业发展需要、更适应时代发展竞争潮流的混合型体育产业。

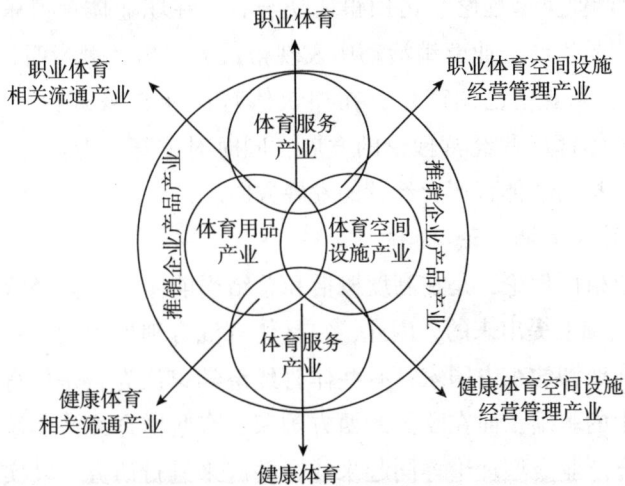

图1-4 混合型体育产业类型理论示意图

举例说明：组织一次大型体育活动（比赛），根据"混合型体育产业类型"理论的基本经营管理原则，要求活动的组织者不仅必须考虑解决作为本次活动直接参加者的运动员、教练员、裁判员等方面人员的需求，还必须考虑作为本次活动间接参加者的观众等方面人员的需求。因而必然涉及多领域、跨行业的"混合经营"或"配合经营"等方面的技术处理问题。

举办大型体育活动，最少也应该考虑处理好以下几方面的问题：

（1）属于体育用品产业的体育活动项目必用品和纪念品等方面的问题。

（2）属于体育服务产业的新闻传媒和观众服务等方面的问题。

（3）属于体育空间设施产业的体育设施相关关系等方面的问题。

另外，还应该努力做好以下几项工作：

（1）本次活动专用的交通工具（车辆）、饭店、宾馆等方面的准备工作。

（2）本次活动影像的制作管理、销售等方面的各种相关工作。

其次，还应该努力做到：

如何满足本次活动的交通、食宿、旅游以及其他的各种相关要求和需要的方方面面的准备工作。例如：代购车、船、飞机票，组织二次旅游或组织其他相关活动，等等。

所以，混合型体育产业类型理论所要求的成功、圆满的体育活动，本文认为是一种全方位的立体体育产业经营模式和立体体育产业经营理论。这种

"混合型体育产业类型理论"运用得成功与否,在职业体育俱乐部联赛经营和大型体育用品生产企业营销活动中表现得最为突出、最为明显。因此,混合型体育产业类型理论的产生,在加快体育产业自身理论建设步伐的同时,也促进了体育产业经营理论的发展,同时对体育产业经营提出了更新、更高的要求,指明了体育产业经营的发展方向。

5. 体育的双格调理论

体育的双格调理论,是在高度概括和总结当前体育产业经营形式的"综合性"特征基础上提出来的,因此,它是体育混合理论中的一种特殊表现类型。目前,在亚洲的东方国家,有些体育经济学家认为它是体育产业混合型经营理论产生的基础,而在欧美的西方国家,有些体育经济学家则完全把它与混合型体育产业类型理论等同起来或合并起来进行研究。其实,体育的双格调理论,是以美国的体育经济学家哈莱先生提出的体育旅游理论为基础,在20世纪90年代以后提出来的新理论。虽然这个理论对体育产业经营观的变化产生了巨大的影响,但就其理论的本质而言,运用在体育产业经营理论中还不能说是一种全新的经营理论,因为它只是提出了体育产业经营理论更进一步细分的一种观点。而以这一类型或相似类型理论为基础形成的经营形式或经营方法(也包括系统的经营理论),已经在体育产业经营实践中得到了充分的体现,并且还以其他的形式明确表达出来了,例如:本文以上叙述的混合型体育产业类型理论等。因而,也可以将其理解为是一种新的"混合型"理论。

体育的双格调理论认为:在同一种体育行为中,有时包括两个或两个以上完全不同格调的行为目的。这个理论的产生,实际上可以说是从另外一个角度再次证明了混合型体育产业类型理论的正确性和实用性。例如:体育旅行。虽然同一个体育旅行,但它却包括了以"直接参加体育比赛为目的"的运动员、教练员、裁判员和以"间接参加体育比赛为目的"的观众这两个完全不同类型、完全不同目的、完全不同需要的主体。在20世纪90年代初,美国体育经济学家哈莱先生,将"这种以参加或参观体育比赛或体育活动为目的、离开日常生活的非商业性旅行"定义为"体育旅行",并纳入了体育产业的经营范畴,使其成为体育产业领域家族中的一员。既然是旅行,它就包括了"空间移动"等一些最基本的旅行概念。因此,在经营体育旅行的时候,作为经营者或组织者,首先必须考虑解决与此直接相关的交通

(车、船、飞机等交通工具)、宾馆、饭店及游玩等各种不同产业的配套服务问题。而要建立这种能够满足体育旅行消费者需要的、各种配套服务的一条龙经营管理体系，必须有多种不同产业的加盟，必须建立新的体育产业类型——混合型体育产业。因此，在西方经济发达国家中，许多国际著名的大体育用品厂商已经开始着手建立从组织体育活动直接需要的场地、设施、交通、宾馆开始，到提供各种体育用品、相关用品的"一条龙"配套服务系统。所以，无论是从体育产业自身发展进程的实际需要出发，还是从满足体育消费者的体育消费需求出发，这种新型的混合型体育产业类型理论，在当前体育产业的发展进程中都占有特殊的地位，并发挥着重要的积极作用。

体育产业类型划分，一直是我国体育产业理论研究中人们比较关心的问题。虽然本文认为没有必要在此项研究上花费太多的精力，但当前我国一些体育经济研究学者，对国际上早已经成熟的体育产业包括的产业范畴理论仍持有怀疑态度，或认为它不符合中国国情，不断地提出新的观点。由于体育产业类型的归属问题，是体育产业市场统计指标体系建立的基础，直接影响到反映体育产业市场经营规模的统计数据，所以它是迫切要求解决，而且必须解决的问题。

根据目前国内已经公布的体育产业类型研究成果，虽然各种提法不同，但基本上都是将体育产业分为三大类型。

(二) 不同代表性人物提出的划分方法

1. 张发强先生的划分方法

中国国家体育总局原副局长张发强先生的划分方法，是将体育产业划分为"体育主体产业类、为体育活动提供服务的体育相关产业和为体育部门开展的旨在弥补和推动体育事业发展的其他各类经营活动"三大类。

第一类：体育主体产业。即以发挥体育自身的经济功能和价值的体育活动内容，如：竞技体育表演、健康娱乐、咨询培训、体育彩票和无形资产。

第二类：为体育活动提供服务的体育相关产业。如：体育器材及体育服装。

第三类：为体育部门开展的旨在弥补和推动体育事业发展的其他各类活动。

2. 赵炳璞先生的划分方法

国家体育总局体育科学研究所原所长赵炳璞先生的划分方法，是将体育产业划分为"体育产业、体育相关产业、体育内部产业"三大类。

第一类：体育产业。指由体育部门归口管理的、发挥体育自身价值和功能的、以提供体育服务为主体的体育生产经营活动。如：竞技体育产业、群众体育产业、体育场馆产业、体育科技产业、体育无形资产产业等。

第二类：体育相关产业。指与体育有关的其他产业经营活动。如：场地、器材、用品、服装、传媒等。

第三类：体育内部产业。指从事体育工作的人员，在分工、分流后所办的产业。如：体育部门利用体育部门的人、财、物的条件，所从事的其他各类生产经营活动。

在此需要特别补充说明的是：以上论述的"单一型、复合型、混合型"三种体育产业类型理论，也包括了我国学者们提出的所有体育产业类型理论。它们并不存在"一种新的体育产业类型产生，决定了另一种体育产业类型死亡"的相互替代关系。在体育产业的高速发展进程中，各种类型的体育产业同时并存，互为补充，相互借鉴，共同发展。所以，现实中体育产业发展得越快，出现的体育产业类型就越多。体育产业类型出现得越多，体育产业就发展得越快。它们始终保持共同前进的正相关关系。

三、体育产业的经营体系

体育产业经营，是经过"体育—体育产业，体育产业＋经营—体育产业经营"这样一个过程，逐步发展起来的。无论是从上述的体育产业时期发展进程中，还是从上述的体育产业类型理论发展变化中，都可以清楚地看到这一点。因此，体育产业经营，应该可以说是一个由"体育产业和经营"组成的"专用合成名词"。虽然这个观点不一定能够得到大家的认同，但无论从哪个角度理解体育产业经营，都应该立足"体育产业"这个基础，都必须首先从正确认识"经营"开始。

经营与体育一样，可以说是一个古老而又年轻的学科。说它古老，是因为自从有了交换就同时有了经营；说它年轻，是因为它在 20 世纪初，才在美国从经济学中分离出来成为一门独立的学科。虽然随后"经营学"作为一门独立的学科得到了高速发展，并迅速在全世界流行起来，但直到进入 20 世纪50 年代，它才打破了传统观念的束缚，跨出了单纯的商业流通范畴，形成了多行业、多种类、多系统、多领域结合的、大规模的、真正的多元化现代经营。进入 20 世纪 70 年代，在逐渐成熟和日趋扩大的经营理论发展进程中，美国的经济学们将它运用到了体育产业经营领域，建立了完整的"体育产业经营"理论体系。虽然在此之前，对职业体育联赛已经有相当成熟的经营理论，但政治利用下的体育事业主导地位和长期没有结果的"业余、职业"是非之争，将其局限在了有限的极小范围之内。1964 年日本东京举办的奥运会，就曾获得了巨额利润。但在当时的历史背景下，并没有引起人们对体育经济功能研究的重视，也没有意识到把体育作为产业来研究和发展。所以，体育产业经营完全可以说是一门应用型或实践性的新学科。如果从体育产业经营的学科特征来分析，也可以称它是一门新兴的、以社会学和心理学为起点，包括经济学、管理学、人类学、市场学、经营学等各种相关学科组成的"集团科学"。

　　一般的经营理论认为：经营是指通过交换过程来满足消费者需求和欲望的活动。但在现代体育产业经营中的这个"交换"过程，是浓缩了迄今为止的经营成果，指已经由过去的根据经营者或企业能够为消费者提供的用品、服务、设施等的经营，转换成了提供能够满足消费者需要或欲望的用品、服务、设施等的经营。即"变过去能够生产什么就经营什么"为"消费者需要什么就经营什么"的经营新观念。因而体育产业经营的可能是各种体育用品，也可能是各种体育服务或体育活动（比赛等），还可能是各种体育信息、活动场所或各种"计划（策划）"，等等。所以，体育产业包括上述的以体育（职业、健康）为支点形成的"体育用品产业、体育设施产业、体育服务产业以及体育设施经营管理产业、体育相关流通产业"。这样一个广阔的产业类型范围，而且作为支点的职业体育和健康体育自身也同样以产业的形式存在并经营着。但是，与成熟的职业体育产业比较，健康体育还需要从"事业、福利"向"产业"的转换过程和转换过程经历的时间。因而在某种意义上说，健康体育产业还是刚刚独立于闲暇活动，有待进一步发展和完善的"新产业"。因此，这个时期体育产业的经营要点和经营实质，是如何使这些产业发挥出更大的效率，适（及）时地提供给需要体育消费的人们，从而取得最佳的实际利用效果。所以，它的经营重心落在了"体育服务"产业。这也是目前为止，还有许多体育经济学者把体育产业经营研究与体育服务产业经营研究等同起来的主要原因，也是我国国家统计部门将体育产业纳入"第三产业"的主要理论依据。因而在过去长期的"事业和福利"基础上，加上又派生出了国家行政或社会福利事业主导下的、单纯作为经营管理的体育产业经营理论。

随着体育产业全球化发展方向的确立，体育产业经营的领域和范畴也得到了不断的补充和扩大。首先，体育产业经营跨出了过去以职业体育为主的产业格局限制，走向了与商务、媒介等产业全面结合的发展道路，特别是20世纪80年代业余体育（以1984年美国奥运会为标志）商业化运作的巨大成功，大大加快了体育产业的发展进程。再加上企业赞助体育比赛时，对"比赛冠名权"和"广告效应"等"体育媒介作用"的灵活运用，更为现实、更为直接地形成了在围绕体育推广和发展过程中，推销企业产品或企业服务的"体育相关产业经营"。因此，如果将前面叙述的"体育产业经营"称作"体育产业的经营"，这里叙述的"体育相关产业经营"，则可以称作"围绕体育的产业经营"或"依托体育的产业经营"了。

依据以上论述，我们是否可以考虑做出这样的分析：将上述的各种体育产业类型宏观地划分为"依靠体育形成的产业和利用体育形成的产业"两大类。以此为基础，体育产业经营也可以分为"体育产业的经营"和"围绕体育的产业经营"两个经营体系。"体育产业的经营"主要是指经营者对体育消费者提供的体育机会（服务、用品、设施等），是否符合体育消费者要求、能否满足体育消费者欲望的系统管理控制活动。"围绕体育的产业经营"主要是指将体育过程作为经营载体或经营媒介，从而实现提高产业知名度、扩大销售等企业自身目的的商业营销活动。因而在围绕体育的产业经营过程中，体育只能成为一种被利用的手段或工具。由此可见，现在的体育产业经营，已经不只是过去"体育产业的经营"了。

体育产业经营体系，如图1-5所示。

如图1-5所示，非常明确地表示了"体育产业经营"体系中包括的"体育产业的经营"和"围绕体育的产业经营"两大部分，以及"体育产业的经营"延伸发展部分——作为经营管理的体育产业经营。同时，还非常明确地表示了"体育产业的经营"和"围绕体育的产业经营"存在相互交融的共同部分这一新的观点。

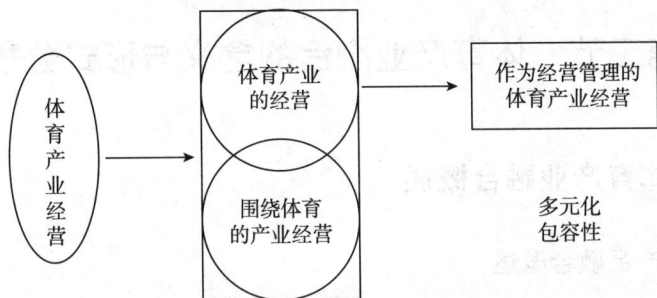

图1-5 体育产业经营体系

举例说明，1999年10月举行的"北京国际马拉松邀请赛"，如果从提供运动员体育机会的角度分析理解，它是"体育产业的经营"；如果从向世界展现我国改革开放丰硕成果的角度来看，它又是"作为经营管理的体育产业经营"；如果从通过比赛，提高北京知名度、促进旅游业发展从而拉动地方经济快速增长的角度分析理解，它还应该是"围绕体育的产业经营"。因此，包容性和多元化是现代体育产业经营的基本特征，而正确区分和准确把握构成"体育产业经营"体系的原来含义、扩大含义和发展中含义以及未来可能包容的含义，则是体育产业经营研究中的重要组成部分。

综上所述，我们对体育产业的理解，和对我国体育产业发展时期的划分，以及体育产业发展过程中产生的各种体育产业类型理论、体育产业经营体系等体育产业相关的基础研究问题，做了较为完整、系统的论述。但是与体育产业发达国家的同类研究相比，还存在一定的距离。我国目前正处于各种体育产业类型并存的体育产业特殊发展时期，必须加强各种不同角度的体育产业理论研究，"中学为本、洋为中用"，只有建立起真正的中国体育产业学理论体系，才能更好地为我国体育产业发展服务。因此，真诚地希望大家能够发扬"打破砂锅问到底"的精神，突破旧观念的束缚、局限，以充分研究我国的体育产业实践为前提，提出真正属于中国、与中国国情相结合的中国体育产业学理论体系。热切盼望新的中国体育产业学理论产生。①

---

① 吕蕾．高校体育资源与体育产业融合的联动发展［M］．长春：吉林出版集团股份有限公司，2022.

第二节　体育产业融合的含义与形式分析

一、体育产业融合概述

（一）产品融合概述

1. 产业融合的演化

"融合"一词诞生于 1713 年，由英国学者威廉·德汉在谈论光线的汇聚与发散时提出，后来该词逐渐延伸至生物学、气象学、经济学等领域。在工业革命的背景下，随着生产力水平的提高和生产关系的变革，"融合"一词又产生了新的内涵，其中，在产业经济领域的信息通信业表现得尤为明显。专家学者纷纷对此展开研究。

1977 年，巴冉和法博发表了《计算和通信系统的融合》；1978 年，尼葛洛庞帝用三个圆圈分别指代计算机业、出版印刷业和广播电影业，并指出三个圆圈的重叠部分将成为未来发展最快的新领域，如图 1-6 所示。

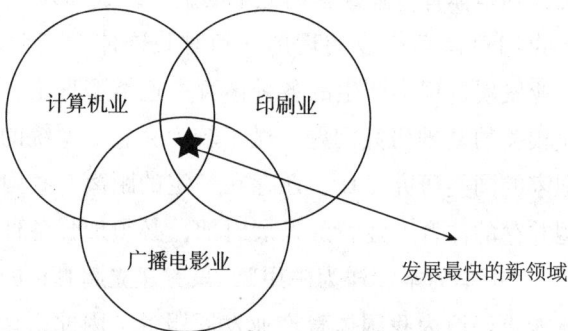

图 1-6　尼葛洛庞帝的三大产业融合示意图

1980 年，威廉·帕雷在广播界的年会上对传播机制融合给广播界带来的新变化进行了详细阐述。1983 年，伊契尔·索勒·普尔在《自由的科技》一书中率先提出"传播形态聚合"的概念，并指出该概念的基本含义即电子技术将所有传播形态均融于同一大系统中。1985 年，赛哈尔通过研究得出"技术范式的扩散有助于技术创新的实现，进而能够推动产业融合"的结论。

20 世纪 90 年代，"融合"作为一种产业经济现象开始备受重视，相关研究内容也逐渐丰富起来，包括技术渗透、产业整合、业务融合、企业融合、产业边界变化、产业竞争等。1997 年，欧洲委员会指出，产业融合是指产业联盟、技术网络平台与市场间的融合。Valikangas[①] 对产业融合作出如下界定：处于产业分离状态的两个或两个以上产业，受价值主张、技术、市场、服务、管制等因素的干预，导致产业边界逐渐收缩或消失，市场和服务趋于融合的产业现象。Hooper 指出产业融合大致包含五个维度的内容，如图 1-7 所示。即网络融合、管制融合、企业融合、基础技术融合和设备融合。

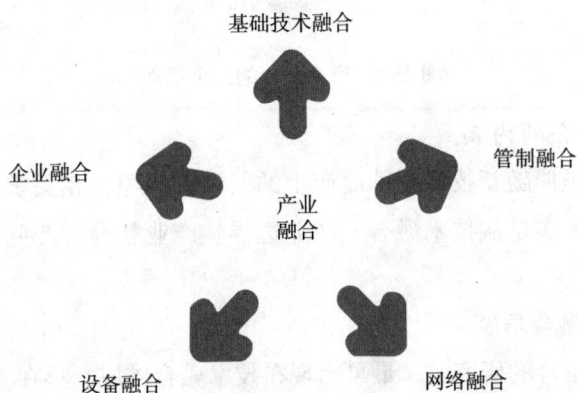

图 1-7　Hooper 关于产业融合的五个维度

产业融合是指由技术变革引发的对产业边界的重新界定，产业融合能够使传统产业获得创新，并延长产业的生命周期，同时使市场范围得到拓展。傅玉辉[②]指出，产业融合对新产业形态的形成起到了革命性作用，他从物质、结构、组织、制度四个层面对产业融合的类型进行了细分，具体如图 1-8 所示。

①　Choi D, Valikangas L. Patterns of strategy innovation [J]. European Management Journal, 2001, 19 (4)：424-429.
②　傅玉辉. 大媒体产业：从媒介融合到产业融合 [M]. 北京：中国广播电视出版社, 2008.

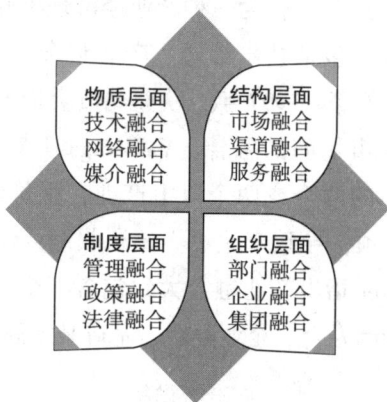

图1-8 产业融合的四个层面

2. 产业融合的内涵

产业融合是伴随新技术变革而产生的新经济现象，相关学者对产业融合内涵的理解，大多是从技术融合、产业边界、产业整合、产业创新等角度展开的。

（1）技术融合角度

有关产业融合的研究成果最早出现在技术融合领域。早在1963年，罗森伯格①便将统一技术扩散至不同产业的现象命名为"技术融合"。Athreye 和 Keeble②认为，技术融合是使不同的产业获得相同的知识和技术的过程，会对产品生产、市场竞争、价值创造等诸多方面产生十分明显的影响。

（2）产业边界角度

Greenstein③指出，数字融合是产业融合的基础，为适应产业发展，产业边界逐渐收缩甚至消失的过程即产业融合。周振华④则认为，产业融合意味着复合经济效应和新型竞争协同关系的确立。Bally 以数码相机、包装技术、保健食品、机械制造等领域为例，证明技术融合是一种无所不在的现象。

---

① Rosenberg N. Technological change in the machine tool industry：1840-1910 [J]．The Journal of Economic History，1963，23：414-446.

② ［英］Keeble D. Industrial Location and Planring in the United Kingdom ［M］．London：Methuen，1976.

③ Greenstein S. and Khanna T．"What doesindustrial mean?" in Yoffie ed.，Competing in the age of digital convergence，U.S［C］．The President and Fellows of Harvard Press，1997：201-226.

④ 周振华．产业融合：产业发展及经济增长的新动力 [J]．中国工业经济，2003（4）：7.

（3）产业整合角度

Stieghitz Nils 从市场需求的角度对产业融合进行分析，认为产业融合的基础是产品，可分为替代性融合和互补性融合两种类型。尤弗亚从产品的角度，将产业融合视为"利用数字技术对原先的各类产品进行整合的过程"。

（4）产业创新角度

厉无畏[①]认为，产业融合是指不同产业在经过交叉、渗透后逐渐融为一个整体，并形成一个新的产业的过程。聂子龙、李浩[②]指出，对传统产业和新兴产业进行融合的方式并非将不同产业机械相加，而应起到"1+1>2"的作用，所生成的应该是一种具有独特性质的"化合物"（即"交叉产业"或"边缘产业"），而非简单的"混合物"。于刃刚等[③]在前人研究的基础上进一步拓宽了产业融合的范围，并指出促使产业实现融合的原因主要包括技术创新、跨产业并购、放松经济规制等。

3. 产业融合的类型

针对产业融合的分类问题，不同学者按照不同的分类标准，将产业融合分为不同的类型，目前认同度较高的几种观点，如表 1-1 所示。

表 1-1 有关"产业融合类型"的观点

学者	分类
格林斯腾、汉纳	代替性融合、互补性融合
胡汉辉	产业渗透、产业交叉、产业重组
明水佳	横向融合、纵向融合、混合融合
斯蒂格利特兹	技术替代性、技术互补性、产品替代性、产品互补性

在格林斯腾和汉纳的观点中，替代性融合是指两种技术之间的相互取代，互补性融合则是指两种技术共同产生的最终效果要优于分别使用两种技术所产生的效果之和。胡汉辉认为，经过融合的产业之间会形成新的竞争与合作关系，使原有的产业管制失去效力。明水佳指出，横向融合发生在市场关系存在部分重合的产业之间；纵向融合发生在供应企业或销售企业与生产企业之间；混合融合发生在没有直接投入—产出关系的产业之间。斯蒂格里

---

① 厉无畏. 创意产业与经济发展方式转变 [J]. 社会科学研究，2012 (6)：1-5.

② 聂子龙，李浩. 产业融合中的企业战略思考 [J]. 软科学，2003，17 (2)：4.

③ 于刃刚，李玉红. 产业融合对产业组织政策的影响 [J]. 财贸经济，2004 (10)：5.

特兹对技术融合和产品融合的区别作出如下界定：在供给方面，用同样的技术生产不同的产品属于技术融合；在需求方面，用不同的技术提供替代品或互补品属于产品融合。

4. 产业融合的动力机制

波特认为，技术融合能够改变传统产业的边界，是产业融合的主要动力。Gary Hamel[①]认为，经济全球化的深入、新媒体技术的发展、政府管制的放松都在使产业边界变得模糊；Yoffie，David[②]也通过研究证明，技术创新、政策管制等都有可能成为产业融合的动力。

针对产业融合的作用，植草益[③]表示，产业融合不仅能够加强各行业、各企业之间的竞争合作关系，还能为企业扩大规模、开辟市场、开发新产品等提供有利机遇，使企业格局发生新的变化。马健则认为，产业融合在改变了原有产业的产品特征、市场需求以及企业间的竞争合作关系的同时，还对产业界限进行了重新规划。

5. 产业融合的成长

产业成长理论可参考产业生命周期理论。所谓生命周期，是指每个产业都必须经历的从生长到衰退的演变过程，这一过程大致可分为初创、成长、成熟、衰退四个阶段。

产业生命周期理论最早形成于20世纪50年代，作为产业经济学的重要组成部分，其理论内容主要包括部分经济增长理论、对制度经济学的理论、波特竞争理论的观点等。我国学术界对产业成长理论的研究始于20世纪90年代初，主要包括产业成长的周期、模式、动力机制、环境与政策等内容。

(二) 我国体育产业融合概述

1. 我国体育产业融合的概念
(1) 体育产业概念与分类

产业融合将产业内部或不同产业间边界收缩或消失后所形成的产业形态，作为区分其他产业演进范式的标准。因此，在开展体育产业研究之

---

① Gary Hamel, The Core Competence of the Corporation [J]. Harvard Business Review, 1990.
② ［美］Yoffic, David B. Introduction: Chess and Competing in the age of Digital Convergence [M]. Boston. 1997: 223-245.
③ ［日］植草益. 信息通讯业的产业融合 [J]. 中国工业经济, 2001 (2): 4.

前，应首先对产业边界进行探讨和界定。

2006 年 5 月，体育产业统计研究的项目在我国正式启动，对体育产业的基本概念做出了一系列界定，这有利于体育产业统计工作的开展，对我国体育产业的战略布局具有重要意义。按照《体育及相关产业统计（2008）》，我国的体育产业可分为三个层次，其中，第一层次包含 8 个大类，第二层次包含 24 个种类，第三层次包括 45 个小类，具体如表 1-2 所示。

表 1-2　体育及相关产业类别框架

体育产业业态	行业分类	小类个数
体育竞赛表演业	体育组织管理活动	4
	体育场馆管理活动	1
体育健身休闲业	体育健身娱乐活动	1
	其他娱乐活动	1
体育中介服务业	体育中介服务	3
体育用品业	体育用品、服装、鞋帽及相关体育产品制造	13
	体育用品、服装、鞋帽及相关体育产品销售	10
体育建筑业	体育场馆建筑业	3
其他体育服务业	其他体育服务	9

根据我国体育产业的发展现状和基本特点，可将体育及相关产业分为三个版块，即核心层、外围层、相关层，如表 1-3 所示。

表 1-3　体育及相关产业的分类与层次

层次	行业分类	小类个数
体育产业核心层	体育组织管理活动	4
	体育场馆管理活动	1
	体育健身休闲活动	2
体育产业外围层	体育中介服务	3
	其他体育服务活动	10
体育产业相关层	体育用品、服装、鞋帽及相关体育产品制造	13
	体育用品、服装、鞋帽及相关体育产品销售	9
	体育场馆建筑	3

（2）体育产业重要问题辨析

在对体育产业融合进行进一步研究之前，必须首先厘清两个问题，以防出现理解上的分歧：一是融合与互动的区别和联系；二是体育产业的边界问题。

1）融合与互动的区别和联系。

体育产业的互动发展是指体育及相关产业间资源要素的交叉，本质是通过产品或服务的价值与功能互补来实现产业价值链的扩展，属于"互助式发展"。体育产业的融合发展是对生产关系的变革，能够使新的产业形态补充、代替原有的产业形态，其所涵盖的范围相对较广，既包括产业内部与产业间的互动、交叉式发展模式，也包括对生产要素的深层次整合。

综上，产业融合在发展初期一般会以产业互动的形式表现出来，等到互动发展至一定阶段，就必然会形成产业融合。

2）体育产业的边界问题。

无论哪个产业，人们都很难对其产业边界进行明确划分，但从整体来看，仍可从广义、狭义两个角度，对体育产业的边界做一个大致的界定。广义的体育产业边界划分应从体育产业的形态出发，将其分为竞赛表演业、健身休闲业、体育用品业、中介服务业、体育建筑业等。狭义的体育产业边界则应从体育产业的属性出发，以体育服务业为主体。总之，体育产业融合的本质就在于打破产业间或产业内部的行业壁垒，以实现产业要素的合理配置。

（3）体育产业融合的内涵

融合无处不在，既是对分离的市场间的汇总与合并，也有利于消除产业边界的进入壁垒。对现有研究成果进行总结后发现，体育产业的融合发展是一个动态的过程，体现了体育的本质，而产业融合的方式是由区域资源和区域产业结构决定的，技术创新、异质化竞争也能对产业融合起到一定的推动作用。体育产业融合经历了从技术融合、产品融合到市场融合的过程，最终目的在于形成具有多重产业属性的新兴产业。

综上，对体育产业融合的内涵可作出如下界定：体育产业融合是指基于技术创新、消费需求变动、政府干预等因素，对体育产业与其他产业所进行的产业要素相互交叉、渗透与重组的动态发展过程，目的在于使体育产业的原有边界发生模糊或收缩，以形成新型的产业形态。在这一过程中，体育产品的市场需求开始发生新的变化，同时也会形成新的竞争关系与合作关系。

2. 我国体育产业融合的特征

（1）需求主导性

产业融合的动力包括技术创新、管理更新、需求增加、管制放松等要素。在工业化时代，产业融合的实现主要依靠的是技术的进步与创新，对有关业务经营与产权合并的融合所涉不多。而随着信息时代的到来，通信技术的革新推动了传统三大产业——广播、电视、出版的逐渐融合，人们对体育消费的需求也开始发生变化，与技术创新的影响力相比，此时需求拓展所起到的作用更加明显。

通过研究体育产业融合发展的实践经验可知，当前推动体育产业融合的动力与源泉即个性化、差异化、高级化体育需求的不断增长，正是因为体育需求具有以上特点，政府和企业才会采取一系列创新措施，推动相关产业生产要素的整合，扩大产品的利润空间。

（2）价值延展性

在体育产业融合的过程中，体育产业链的有形资产关联主要表现为知识、功能、价值的关联，其实质是以知识分工、价值分工为基础，通过知识分工来为消费者创造价值。因此，要想实现体育产业在更大范围内的资源优化配置与重新整合，并促进生产要素的优化升级，就要促进体育产业价值的动态延展。企业只有深入开发体育产业深层次的多元价值，才能使新产品和新服务得到消费者的认可，进而占据更大的市场份额，从中获取高额利润。

随着世界经济联系的日益密切，市场竞争也在逐渐加剧，在生产要素重组的过程中，体育产业融合必须以消费者对体育市场的需求为中心，创造出与当代社会潮流相适应的产品与服务，引领市场需求，占据市场优势。

（3）创新系统性

对产业融合的理解，可以从两方面进行：第一，从产业演化规律来看，产业融合的目的在于实现产业分工的内部化，即创新产业演化的发展范式，包括制度、组织、市场、产品等方面的创新。体育产业融合的关键在于立足于区域体育资源，借助各种创新条件和制度、组织、管理等方面的创新途径，同时依托政府的有力支持，促成不同产业资源要素的有机整合。第二，从产业自身发展规律来看，随着体育产业生长周期的不断演进，产业的结构与状态、企业的功能都会发生一定的改变，并形成新的竞争与合作关系。

产业自组织系统的本质是一种具有创新性的自适应能力演化系统，在复杂的演化过程中，该系统能够建立起自我秩序，使产业功能重获新生。如果产业自组织系统较为强大，体育产业就能获得较强的创新自适应能力，并不断提高自身素质。即使体育产业的发展不够成熟，产业自组织系统也不够完善，但只要在产业融合的过程中尽可能地培养学习创新、制度创新、组织创新等能力，同样能够推动新型产业形态的形成，并出现新的增长点。

（4）规制协调性

由于我国体育产业的发展起步较晚，因此产业基础较为薄弱，还存在区域发展水平差异明显、产业组织不完善、产业结构不合理、产业产值偏低等问题。计划经济时期，受经济体制的制约，体育产业资源大多由政府部门运营，导致体育产业发展的先天条件明显不足。当市场经济开始运作、市场条件逐渐完善时，管理体制也随之实现了变革，区域政府通过一系列产业政策，如财政政策、税收政策、法律政策等，引导企业实体积极参与体育产业融合，为体育产业融合提供了相对宽松的制度环境。

3. 我国体育产业融合的类型

从不同的角度对产业融合的类型进行划分，所得到的结果也是有差异的：以融合技术为依据，可将产业融合分为技术渗透型、技术互补型；以产品特性为依据，可将产业融合分为产品替代型、产品互补型；以产业发展方式为依据，可将产业融合分为产业交叉、产业渗透、产业重组。本书基于现有的研究成果，以体育产业的发展规律为立足点，从价值链的解构与重构出发，将我国的体育产业融合分为重组型、交叉型、综合型三种类型。

（1）重组型融合

重组型融合是指发生在体育产业内部各部门或各子产业之间的融合。由于体育产业资源大多集中在健身休闲业、竞赛表演业、用品制造业、中介服务业等行业，其他行业为占据更大的市场份额，要不断满足人们日益增长的个性化消费需求，就必须打破原有的产业边界，通过整合各子产业的内部要素，来构建新的产业价值链，促使新的经济增长点早日形成。

重组型融合的主体一般为大型的体育资本企业，这类企业大多能够及时、敏锐地捕捉到市场需求和行业动态，并借助资本储备的优势，对不同产业间的生产要素进行具有针对性、目的性的整合与升级，其最终目标在于提高产业内部资源配置效率，进而提升经济绩效。

（2）交叉型融合

交叉型融合是指发生在体育产业与其他相关产业之间的融合。体育产业资源能够通过交叉型融合与其他产业的生产要素形成联系，实现价值互补与功能延展，使原有的价值产业链被解构、行业壁垒被打破，重新构建出新的产业链和更高的行业壁垒。

交叉型融合的主体不仅包括体育类资本企业，还包括一些跨行业、跨区域的集团或国际性垄断企业。随着价值链的不断延伸，体育产业的业务领域逐渐扩大，消费结构进一步优化，产品与服务持续升级，这些企业能够使资源在更大范围内实现合理配置。

（3）综合型融合

综合型融合是指既包括体育产业内部融合，又包括其他相关产业间融合在内的更为复杂的融合方式。由于此类融合涉及产业数量众多，组织、技术、管理、制度等方面的深度也在不断增加，一般难以被轻易复制，因此其融合主体均为经济实力强大的国际性垄断企业或区域政府。

综合型融合主要用于大型体育赛事的承办。作为体育产业的核心组成部分，一场大型体育赛事的运作往往需要多个部门的共同参与和多个环节的同时进行，如媒体宣传、商业赞助、赛事推广、票务销售、特许产品经营等，每个环节又都会和旅游、通信、交通、中介、基础设施建设等相关行业产生联系，以充分满足体育赛事市场的高端需求。因此，体育赛事业在与其他行业进行合作、互动时，常常会主动走上综合型融合的发展道路。

二、体育产业融合态势分析

（一）我国体育产业发展现状

1. 政策密集出台

近年来，我国政府高度重视体育工作，党中央、国务院在习近平新时代中国特色社会主义思想的指导下，出台了一系列政策文件，以扶持体育产业的发展，其中涵盖体育旅游、体育小镇、马拉松赛事等多个热点内容，为体育强国的建设奠定了良好的政策基础。政策文件的密集出台在为我国体育产业的发展营造良好政治环境的同时，也充分调动了社会各界的积极性，形成了政策驱动、部门联动、政府推动、社会资本与市场主体积极响应的发展新局面。

2. 规模持续扩大

作为我国政府重点扶持的朝阳产业，体育产业早已成为我国第三产业的重要组成部分，对挖掘消费潜力、保障和改善民生、培养经济增长新动能具有显著的促进作用。在国家政策和市场竞争的双重驱动下，我国体育产业的规模持续扩大，显示出体育产业在国民新兴产业中的巨大潜力。

3. 结构逐渐优化

"互联网+"作为一种新型经济形态，已成为多数传统行业在探索转型之路时的重要参考，体育产业自然也不例外。"互联网+体育产业"是指借助互联网平台，利用大数据、云计算等技术手段，将传统的体育产业以互联网的思维方式转化为新型产业生态模式。

长期以来，体育用品制造业始终在我国体育产业结构中占据着主要地位，而随着"互联网+"时代的到来，我国体育产业逐渐形成集体育用品、体育培训、体育电商、体育场馆、体育社交、体育传媒等于一体的多业态结构，并衍生出一系列体育产品和体育服务，这不仅加快了体育产业服务体系的优化升级，也推动了"互联网+"背景下的体育产业生态圈初步形成，具体内容如表1-4所示。

表1-4　体育产业生态圈的内容

类型	主要载体
体育用品	可穿戴设备
体育培训	健身 APP
体育电商	在线购买平台
体育场馆	体育 O2O
体育社交	记录类 APP
体育传媒	赛事直播平台

4. 消费需求提升

初步统计，2020 年体育产业市场规模达 25750 亿元，占国民经济 2.53%，比重较低。但从我国体育产业的市场规模及增长率来看，我国体育产业呈增长态势。全国体育产业总产出从 2015 年的 1.7 万亿元增加至 2020 年的近 3 万亿元。多年来，我国体育产业总产值增速始终维持在 10%以上的水平，远高于同期 GDP 增速。①

我国人民的体育消费方式开始由实物型消费转向服务型消费和体验型消费，随着体育产业链的细分，人们的体育消费需求开始趋向多元化，对体育消费的依赖度也有所提升，这些都为体育产业新业态的发展带来了可贵的机遇。而以建设体育强国、推广全民健身为主题的国家政策，更为体育产业的发展奠定了坚实的群众基础。

(二) 我国体育产业融合的态势分析

1. 时代性

(1) 改革创新的时代主题

从 20 世纪 70 年代末至今，我国发生了翻天覆地的变化，无论是国民经济的快速增长，还是人民生活的深刻变革，都展现了五十余年来的成就。在具有中国特色、中国风格、中国气派的"中国梦"的指引下，中华民族锐意进取、改革创新，奏出了时代的最强音。

无论时代如何变迁，改革与创新都是亘古不变的时代主题。党的十九大要求党中央领导集体坚持对外开放的基本国策不动摇，在全面建设社会主义市场经济、民主政治、先进文化、生态文明的发展新时期，集中一切可以调动的积极因素，创新改革体制，推进改革成果。而体育产业作为我国经济的重要组成部分，自然也需要探索属于自己的改革创新之路，目前看来，与其他产业进行融合正是最适合体育产业的创新道路。

(2) 体育产业的时代召唤

2008 年，北京奥运会的成功举办使体育产业开始逐渐取得市场认同。作为国民经济的重要组成部分，体育产业的发展进入了全新的历史格局，在经济全球化进程中也逐渐加强了融合趋势，主要体现在马拉松旅游、滑雪度假旅游、电子竞技运动等多项融合成果中。随着产业组织形式的不断演进，新产品与新服务在体育产业融合的过程中形成了新的核心竞争力。

发挥体育产业的辐射效应，推进产业融合进程，实现产业效益最大化，是体育产业创新发展的必要选择。要想促进体育产业的融合成长，就要按照产业演进的客观要求，运用先进的经营手段，突破产业界限，拓展绩效

---

① 资料来源：2022 年中国体育产业市场规模及发展前景分析 全民健身时代即将到来。https：//baijiahao.baidu.com/s？id=1720014772900301912&wfr=spider&for=pc

提升空间，优化资源要素配置。

2. 必要性

（1）现代产业发展的必然趋势

产业发展的演进包括产业分立和产业融合。亚当·斯密认为，分工能够创造财富，并带来规模报酬的递增，这一思想在漫长的工业化进程中具有重要意义。然而，第三次科技革命将人们带入知识经济时代，随着技术的不断创新，跨地区、跨行业的兼并、重组活动日益频繁，产业边界不断模糊，新型产业演进方式——产业融合如同一阵革命浪潮瞬间席卷整个世界。与产业分立相比，产业融合能够实现更高层次的产业分工内部化，推动产业的跨越式发展。

从产业融合的发展轨迹来看，广播电视、新闻出版等部门基于信息技术和互联网升级率先实现了产业融合，这也使最初的产业融合常常被等同于"电子信息产业"。然后随着相关实践的逐渐丰富，产业融合开始渗透在金融业、服务业、教育业等多个领域，形成了全方位、多产业、大融合的趋势，这也是现代产业发展的必然趋势。因此，体育产业必然要顺应融合趋势，使产品与服务在与其他产业对接的过程中产生新的竞争优势。

（2）体育产业链整合内在需求

产业链是指各产业部门以技术、经济为基础，按照一定逻辑所形成的链条式关系，该链条主要包括制造商、供应商、分销商和消费者。作为一个用以增加产品价值的活动过程，产业链包含了从原材料收集到消费品生成的全部阶段。传统产业链的关联主要表现在资产关联上，而体育产业链的关联则主要表现在知识、功能和价值上，其本质在于对知识和价值的分工，产品的生产联系和物质流动只是其外在表现形式。

体育产业作为一种横跨第二产业、第三产业的综合性产业，其系统构成十分复杂，大致可分为上游产业、中游产业、下游产业三个层次，如图1-9所示。

从图1-9中可以看出，体育产业分支门类众多，所涉范围极广，具有十分广阔的价值空间。随着市场需求的不断升级，体育产业链的环节发生了一定变化，产业价值和利润也通过价值链实现了转移。随着转移范围的扩大，产业链的竞争优势将更多依赖于产业链各环节的系统协同，并建立在更多种类的资源和能力上，最终推动产业的蜕变式发展。

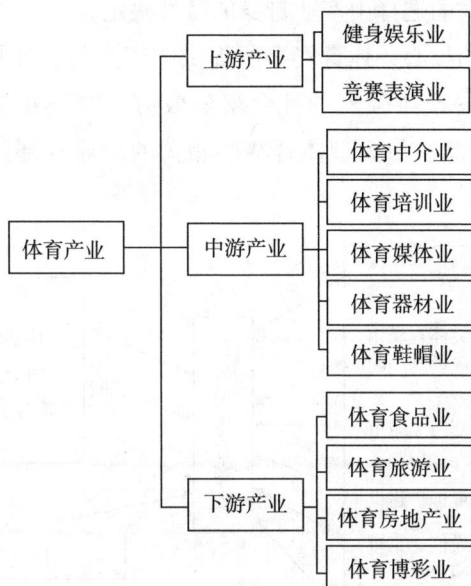

图 1-9 体育产业的层次

3. 可行性

（1）国外体育产业经验启示

一些发达国家的体育产业之所以能够获得良性发展，与其国民所遵循的积极、健康的生活方式密不可分。在国外，体育产业属于生活方式产业中的一种，以健身休闲、竞赛表演、用品的制造与销售为主营业务，同时凭借自身的带动能力，促进了旅游、建筑、通信、出版、动漫等产业的协同发展，共同创造出巨大的社会财富。

从相关研究成果来看，融合发展是国外体育产业能够不断壮大的最主要动力，从业务、市场、管理各方面展开互动与融合，实现资本要素的重组与聚合，有利于体育产业在激烈的市场竞争中保持竞争优势。

（2）体育产业关联特性诉求

无论在哪种经济活动中，一个产业都需要其他产业为自己源源不断地提供产出以维持生产要素供给，同时该产业也会将自己的产出以市场需求的形式提供给其他产业用于消费。这种复杂的供求关系叫作"产业关联"，即各产业在社会活动中存在的经济、技术等方面的联系。以产业链的供求关系为依据，可将产业关联分为前向关联、后向关联、环向关联三种类型。一般情况下，产业关联方式的选择由产业自身的特性决定。

作为体育产业的核心，体育赛事所提供的产品与服务具有较强的垄断性和稀缺性，并且容易产生强烈的社会聚焦效应（如奥运会、亚运会、世界杯、世锦赛等），因此，与大型体育赛事相关的产业及部门所涉范围十分广泛，如图1-10所示。

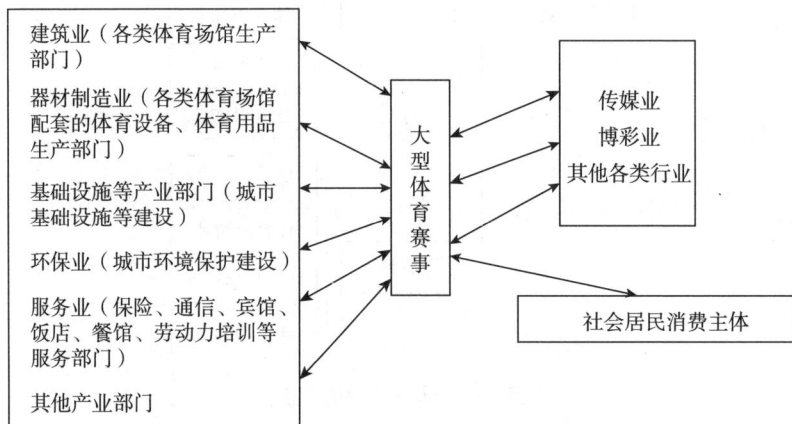

图1-10　大型体育赛事与相关产业部门的关系模型

（3）投融资环境的不断优化

投融资环境是指对投融资活动产生影响的外部条件的总和。一般情况下，投资主体在对投融资活动进行选择时，会优先考虑社会环境、经济环境、自然环境等因素。

自2008年北京成功举办奥运会以来，我国的经济、政治、文化均获得了显著的发展与繁荣，体育产业的投融资环境发生了巨大的改变，体育产业迎来了重大发展机遇。奥运会在带来大量市场需求、培养庞大消费群体的同时，也对我国体育政策的进一步完善提出了新的要求。我国的相关产业部门严格按照国际规则行事，主动汲取发达国家的体育产业发展经验，即根据社会环境的变化来不断调整体育投融资体制，以保证体制的创新性，并逐步完善体育产业的投融资环境。①

---

① 陈博. 多元视角下体育产业的融合发展研究［M］. 北京：中国经济出版社，2020.

第二章 体育产业与"互联网+"的融合发展研究

随着互联网时代的到来，许多智能产品应运而生，不仅方便了人们的工作和生活，也吸引了各行各业加入其中。中国体育产业诞生于数字时代，具有良好的发展前景和潜力。中国体育产业要想继续发展，必须充分利用互联网产业这艘划船，驾驭"互联网+"的巨大推动力，实现自身的重构。

第一节 "互联网+"体育产业的基础内容

一、"互联网+"体育产业的内涵与分类

"互联网+"是创新 2.0 时代下的一种新业态，是高速发展的信息技术运用到各个领域形成的新的产业业态。互联网+传统产业，顾名思义是将互联网与传统产业相结合，为传统产业提供发展工具、产生新的商品、改变原有产业的生产方式。互联网本身就是信息时代的新产物，是一个新的行业，是满足人们日常生活需求的工具性行业，为人们获取信息提供便利。对于"互联网+"体育的最直白的理解即通过互联网技术发展体育产业，将互联网技术视作发展体育产业的重要途径。改变了体育产业的商品类型、企业组织形式、企业的经营管理模式以及盈利模式。如通过互联网平台实现体育信息的共享，体育赛事的转播以及新的体育产品销售途径。或者说，"互联网+体育"是将体育融入互联网内，将体育的物质产品、服务产品，生产商、销售商、消费者等所有资源都集中在互联网这一平台内，生产出新的商品类型，组建新的组织形式和管理模式以及策划出新的盈利模式。

根据商品性质的不同，"互联网+"体育产业主要包括互联网赛事转播业、智能软硬件业、体育垂直电商业、电子竞技业。中国最传统的赛事观赏

途径是有线电视，一定时期里 CCTV 在体育赛事转播行业一直占主导地位。在迅速发展的中国特色社会主义市场经济下，赛事转播也开始走向私营化、市场化。赛事转播权成为赛事组织的主要收入来源之一，且赛事直播转播给媒体带来的关注度也是非常巨大的，因此赛事转播权是体育市场上争夺最激烈的资源。智能软硬件是互联网+体育最直接的产物，也是"互联网+体育"产业内非常重要的一个行业。智能软件是指方便运动爱好者的各种网站或手机 APP 等软件，这些软件可以为消费者提供方便运动的服务，如预约场地、提供社交群以及分享信息等。无论是在淘宝还是在京东都有运动这一大类，专业的运动类垂直电商是不同于这些综合电商的业态，没有京东那样的规模，但是却足够专业。它们只卖运动类商品，有的只是一项或两项运动项目的商品，不同的是借鉴 O2O 模式，更加注重实现顾客的线下体验，线上购买的方便。电子竞技业并不是指网络游戏，或者说不只是网络游戏，而是一种有标准规则的对抗性竞技类运动，需要参与者通过不懈努力、团队协作、技战术运用最后赢得胜利。由于电子竞技业的高对抗性和趣味性，以及对于参与者自身运动能力的要求较低使得电子竞技成为不同年龄段人们的共同爱好。随着人们对其概念的正确认识的改善和其固有的庞大的群众基础，电子竞技业也必然会成为互联网体育产业的支柱行业之一。

二、"互联网+体育"的产业特征

（一）产品类型的人性化和智能化

作为服务性生活产业，体育产业的产品可概括为服务型产品和物质型产品。"互联网+体育"新业态产生的体育服务产品最大的特点就是个性化，响应了以人为本的国家发展战略，也符合服务性行业可持续发展的本质选择。互联网带来的信息搜集与共享的便利性，可以使商家或服务者全面了解消费者的个体情况，如运用了互联网技术的新型健身房，可以记录顾客自成为会员以来的健身经历和每一次健身后身体机能的变化以及消费者最初做的健康体能检测数据，会一直跟随着会员，显示在会员自己的系统内，可以生成针对性、个性化的"运动处方"，方便服务者科学合理地指导消费者健身。信息技术发展创造的新型赛事直播、服务性软件以及社交软件，类型越来越丰富，功能越来越齐全，但是每一款都在追求与众不同的过程中产生了一定的差异性，这些产品不仅满足了人们欣赏、社交、娱乐的需求，还可以让人们根据自身特点选择喜欢的软件，在软件内设置自己的关注点和个性空间，符合了新时代下消费者追求个性化发展的时代特点。

物质产品的智能化是互联网对体育产品的另一杰作。智能化的产品是消费者追求运动质量的必然产物，也是互联网技术给体育运动带来的最大福利。新型的智能体育器材装备可以根据消费者不同的体态特征设置符合其自身运动特点的运动情景，记录每次运动的身体机能数据，这些智能化产品不仅可以保证消费者运动时的安全性，还可以提高运动水平和健身效果。

（二）企业组织主要形式的多元化

"互联网+体育"新业态的体育企业中，主要还是存在独资企业、合伙制企业和公司制企业。只不过，相对于传统产业而言，股份制企业的比例有了很明显的增长，上市的体育公司数量逐渐增加。互联网技术可以实现企业对各项生产要素的整合，同时可以实现对不同地区大范围内的职工管理，因此互联网+环境下新生的体育企业，在成立之初或转变之始，都存在着大规模经营的想法。出于规模经济的追求，很多企业转变自身的组织形式，申请注册成为公司制企业，在经营水平和资产值达到一定程度之后，申请上市融资，以及一些新兴的体育创业公司，在成立之初就是股份制有限公司，致力于多方融资。

互联网新型体育企业一般都是高新技术产业，其在产品研究与创新过程中投入的人力、技术和资本成本都是非常巨大的，仅靠国内的资本融资有时无法满足公司的发展需求，在与发达国家的学习交流及合作中，同时产生各种不同新型的组织形式，如上市公司、中外合资企业等。中国体育产业企业的发展呈现组织多样化形式。很多体育创业项目纷纷得到天使投资，甚至获得了 A 轮、B 轮投资。

（三）企业经营管理模式的创新性

"互联网+体育"环境下，不仅产品类型和组织形式有了个性化和多元化的创新，其企业内部的经营管理模式也在各方面都有了创新。创新主要在"新"，是指企业在经营思想、方针、计划、人才和产品管理、企业营销和市场开发等方面都有了史无前例的转变和进步。

首先，现在体育企业的经营思想和方针有了很大的转变。现在体育企业不只是追求产品数量的增加，而更加重视科研的投入和产品的创新，把企业的重点放在了研发新产品上，提高产品的知识科技含量，追求质量价值。由以利益为本，转向以人为本，在设计产品和生产计划时，从消费者需求出发，开发符合消费者追求的产品。其次，公司的管理规章制度的创新，转变了内部人才管理的方式方法。如合伙人制，每个个体都是总公司的合伙人，实行盈利分成，以及一些内部员工持股的管理模式，年底员工吃盈利分红，这些管理制度的实行，极大地开发了员工的工作潜力和创造价值的积极性。互联网对企业营销和市场开发的影响是最不容忽视的，一方面互联网为企业提供了营销平台，另一方面为市场开发和了解消费者需求，针对性营销策略提供了信息来源途径以及推销平台。①

第二节 "互联网+"体育产业发展现状与挑战

一、"互联网+"体育产业发展现状

推动"互联网+体育"融合发展，既是孕育全新业态、激发优势动能的重要路径，也是惠及大众体育健身需要的必然趋势。针对"互联网+"新形态，要围绕大众健身需求，通过积极引入智慧技术，提升体育产业效能，拓宽产业发展空间。

（一）技术层面：智慧平台引导产业走向

新型技术催生体育产业新形态，成为产业发展的"先导"力量。第一，在互联网平台助力下，以大数据技术为支撑，智慧分析、科学预判大众体育健身需要，提高了体育产品、服务与大众需求的匹配度，营造了多维融合发展环境②。第二，在智慧媒介、大数据等优势资源助力下，通过开发大数据健身采集系统，使体育服务更加精准，实现了服务链的全面延伸。第三，通过发挥社交平台、智慧体育 APP 软件等优势技术，为大众提供专业、

---

① 徐英微."互联网+"视域下体育产业发展创新研究 [M].北京：中国原子能出版社，2019.

② 沈克印，吕万刚.体育产业供给侧结构性改革：学理逻辑、发展现实与推进思路 [J].武汉体育学院学报，2016，50（11）：29-35+41.

在线健身指导，形成了多形态的体育产业发展形态。

（二）用户层面：体育消费主导产业走向

在推动体育产业发展、升级进程中，大众健身习惯、运动爱好成为驱动产业发展的核心动力。首先，在用户思维影响下，通过搭建智慧、融合的体育产业平台，以融合共享思维为指引，汇聚优势资源，以理念创新为基础，重构发展模式，有力推动产业发展。其次，在社交媒体助力下，大众成为推动体育产业优质发展的重要力量。大众借助计步类 APP、社交媒体平台分享交流运动经验，形成了新的体育社交模式，助力体育运动成为大众分享、交流的生活方式。最后，在全民健康理念驱动下，通过唤醒大众健身意识，将通过运动锻炼来强身健体从弹性需求转化为"刚需"。通过在体育产品研发、健身指导和赛事合作等领域全面发力，为大众提供专业、优质的体育引导服务，主导体育产业发展走向。

（三）服务层面：多元服务探索产业走向

为全面践行"健康中国"战略，国家出台一系列政策扶持体育产业发展。大量企业、技术和市场资本涌入体育产业，丰富了体育服务项目，拓宽了产业发展空间。一是服务主导，产业形态更加完善。目前，各地区以扶持体育产业发展政策为基础，持续优化体育服务项目，激发产业发展活力，通过将优质资源、体育运动与大众需求进行深度融合，全面拓宽了"体育+"发展空间。二是市场驱动，参与力量更加多元。当前体育市场日益规模化、体系化，大量企业、市场资本涌入体育产业，通过建设体育俱乐部、体育产业园和体育公园等场所，为大众参与健身提供了良好平台①。三是产业加速融合，形成了规模化的"体育综合体"。在"互联网+"平台驱动下，围绕"体育+"，将智能体育、体育彩票、体育培训、体育赛事等各类资源融入其中，形成了规模化的"体育综合体"，为体育产业资源价值的最大化开发提供了明确走向。②

---

① 李东鹏，梁徐静，邓翠莲．"互联网+"背景下休闲体育产业发展趋势、动力和创新路径研究［J］．广州体育学院学报，2017，37（4）：33-36.

② 杨华．"互联网+"背景下体育产业发展趋势与构建模式［J］．当代体育科技，2021，11（20）：147-149.

二、"互联网+"体育产业发展机遇与挑战

(一)"互联网+"趋势下我国体育产业发展的机遇

1. 体育产业与互联网跨界融合与升级

周鸿铎教授认为,究其根本,"互联网+"不仅仅是传统产业与新技术的融合,更是一种力量,是一种促进社会各行各业、各个部门通过技术融合而走向成功的力量。也就意味着,"互联网+"是社会和经济发展的一种撬动力,能够无限发挥新技术的杠杆效应。对于体育产业而言,"互联网+"体育产业是互联网与体育产业的一种跨界、一种融合,是对传统体育产业发展模式和形态的颠覆,它不仅可以扩大体育产业整体的开放程度,也可以推动体育产业全新生态的衍生和发展。

有了"互联网+"的技术和时代背景,就使得体育产业的发展拥有更为坚实的创新基础。与此同时,竞技体育的发展突飞猛进,而竞技体育更进一步的发展不仅要依靠运动选手的超水平发挥,更要依赖于高新技术的创新与发展。也就是说,互联网的加入,将成为现代体育产业发展的一股强劲的推动力。

NBA 联盟在 2014 至 2015 赛季,新开启了升级版视频回放中心,这个视频回放中心的信息处理能力是每秒 3000 亿比特,这其中包括高清的图片集和视频流,比之前的处理能力提高了 65 倍。新启用的视频中心包括 94 台平板显示器,其中 32 台为触屏显示器,另外还有 20 个回收站。高新的网络技术和高速网络可以将视频回放技术淋漓尽致地运用于赛制之中,在裁判员执裁和现场直播过程中发挥出显著的作用。通过这个例子,我们可以充分窥见现代先进网络技术和经济体育活动的完美融合和跨越发展,正是基于全新的网络技术,极大地提高了执裁人员判断的科学性和准确性,同时也提高了视频直播的现场效果,可谓体育竞技赛事与互联网融合跨越发展的经典示范,也是体育产业尤其是体育赛事与"互联网+"其本质特征的典型表现形式。

2. "互联网+"驱动体育产业的发展

在当前的时代背景之下,"互联网+"以一种不可逆转的实力进入经济社会发展和寻常生活的方方面面,"互联网+"作为撬动社会生产力发展的巨大杠杆,注定将以一种前所未有的力量去推动体育产业的新思维、新技术、新

产品的发展。

在经济发展压力加大的形势之下，中国的体育产业面临重重困境与挑战，要想突破当前的发展状态实现转型升级就离不开新思维、新技术、新产品的驱动和支撑。最近几年，随着大数据、物联网、云计算等技术的发展以及芯片技术、通信技术的进步，体育方向的智能硬件发展已初具基础。在未来，VR（虚拟现实）、AI（人工智能）也将逐步促进体育智能化硬件设备的升级。与此同时，社会大众生活和消费方式也随着时代变迁渐渐向智能化方向、互联网化方向持续迈进。在这样的技术和消费背景之下，各大体育公司纷纷抓住商机向智能化硬件的方向布局，因此五花八门的体育智能化产品相继面世，产品功能已逐步成熟，不仅可以实现设备管理、数据统计，还可以实现智能化推荐、个性化定制服务。当然，现在的体育产业智能化硬件产品还是处在发展的初期阶段，市场黏性和用户习惯需要进一步培养，应用场景也亟待搭建，但不可否认的是，智能化体育必将成为未来商业和市场竞争的热点，较早布局和较强实力的公司必将打破现有的产业布局，在智能化热潮中脱颖而出，建立起稳固的地位。

在体育产业发展规模不大、活力不强的情况下，"互联网+"无疑为其发展注入了新鲜的血脉。举例来看，智能设备可以借由外部的压缩裤和其内置的传感器芯片，从而感应和测试出被检测运动员腿部肌肉的失衡情况，它可以智能地检测出被测者的股四头肌肌肉比例是否合理，会不会由于习惯因素偏向于锻炼某侧肢体，这样的检验测试结果确实可以诊断运动员训练中出现的问题，矫正运动员的技术动作，从而规范动作保证训练结果，同时也可以有效地防止其运动损伤和肌肉痉挛的出现。毋庸置疑，这一案例充分体现出互联网在改进运动训练手段、提升运动效果上的作用，由此可以窥见"互联网+"在体育新技术发展中的作用。

除此之外，"互联网+"为体育产业的发展提供了广阔的创业创新平台和无限商业机遇，最前沿的科技信息可以借由互联网使大家知晓，最先进的体育科技产品也通过互联网得到广泛关注。举例来说，职业篮球俱乐部可以借由其网站推送最新的产品情况，使球迷可以在最短的时间里知道产品消息，从而可以第一时间体验到新产品的功能。

3. "互联网+"重塑体育产业的结构

如今，中国经济社会发展的方方面面都在发生新的转变，经济升级转型中出现的种种问题正在逐步倒逼经济改革与结构调整，探索经济发展新的增长点和着力点成为必由之路，可谓大势所趋。

我国体育产业内部结构在发展过程中存在一些问题，而当前又面临新的经济发展和时代背景，其产业结构调整、产业转型升级不可避免。"互联网+"战略下，一方面促进体育服务、体育产品的数字化管理，使得最先进的信息技术进入体育产业发展的视线之内，使得创新的力量发挥到体育产业的实践中来；另一方面，互联网构建出全新的体育产业信息平台，加速信息流通和结构流转，从而在某种程度上重塑体育产业内部结构，推动体育产业发展形态、方式、结构的优化升级。它以不可扭转之势，彻底打破体育产业固有的生态环境，原有的产业格局正处在悄然变化之中。以竞赛表演业为例，传统的赛事转播都是借由电视媒体实现的，而如今则可以通过互联网实现实时直播，不仅充分满足了用户需求，而且提供了前所未有的视听观赛体验。

4. "互联网+"打通体育产业的要素

作为新型的信息传播途径，互联网颠覆了传统传播媒介，霎时成为主流的传播方式。从其字面意义即可看出，它具有互联互通的特点和功效。在体育产业领域，"互联网+"倒逼体育服务和产品接受互联网思维方式，沟通产品、客户、中介和服务的方方面面，从而极大降低信息的不对称性，继而节约交易的时间和成本。由此可见，互联互通不仅价值无限，同时也是打破行业壁垒、促进行业发展的关键。

在我国体育产业领域之中，各方面要素发展不平衡，各细分市场发展阶段不一致。在已经形成的以"互联网+"为核心的产业布局各环节中，经济赛事制作与播出环节仍是初步启动；以智能化硬件产品为代表的智能化产品热度渐升；体育数字化产品产销市场仍在初步探索；体育产品销售市场正在飞速发展时期，主要以大型综合电商平台为核心，形成 B2C 以及 C2C 等服务市场；以体育影视、体育游戏、体育出版为核心的体育衍生环节也处在高速提升时期。除此之外，团购业务的火热以及在线支付技术的推出推动了体育产业线上服务诸如在线票务服务、线上场馆预订服务等市场逐步成熟。

"互联网+"与体育产业的相互融合、升级发展，不仅在最大限度上推动体育科技创新、扩大体育用品销售、拓展体育竞技赛事传播，而且也促进体育康体业的变革。以现代的智能可穿戴设备为例，其飞速发展已经极大改变现代体育健身、运动训练的方式方法和效果。例如，一种对运动员训练进行监控的智能设备，通过利用磁力计、陀螺仪和 DPS 等设备和原理，放在运动员背部衣物中，可以实时监测到被测运动员的心跳、血压、加减速、位移、跳跃角度等数据，由此带来极大便利。运动训练的指导员或教练可根据这一系列数据来查看被测运动员的各种指标，提升训练效果、避免运动损伤。这种智能化设备打破了教练和运动员之间的信息不对称，突破信息障碍，实现信息互通，从而从根本上提高运动训练效果。据新闻报道显示，这种可穿戴设备已经有效用在 NBL、NBA 球员的训练之中，还在 NCAA 球队和曲棍球队、英超训练中发挥奇效。不可否认，运动员训练信息监测和教练员的有效指导之间，主要得益于"互联网+"与体育产业之间的互联。

(二)"互联网+"趋势下我国体育产业发展的挑战

1. 体育产品走向智能化的难点

说到智能化的体育产品，今天在市场上已经随处可见，诸如智能篮球、智能篮球架、智能羽毛球拍、各种运动手环等。但是从目前整个市场的表现来看，智能体育产品却并没有流行起来，它们面临着哪些难点？

难点一：产品的本身需要突破。智能手机之所以能够迅速风靡全球，其中最主要的一个原因就是智能手机能够运行各种移动应用，让用户能够在手机上看视频、玩游戏、网聊等。而目前几乎所有的智能体育产品，都只是在概念上有所体现，大多都只拥有一个检测的功能，比如检测你的运动节奏、运动时间等，很多体育智能产品本身对于用户并没有太大的存在意义。

难点二：市场还需要一个培育的过程。对于大多数消费者来说，他们的脑海中并没有智能体育产品的概念，更不会去直接购买这类产品。目前在市场上，除了智能手环还略有点市场份额之外，其他的智能体育并没有太多人知道，消费者去购买体育产品的时候也没有要购买智能体育产品的概念。

难点三：智能体育产品价格普遍偏贵。很多智能体育产品厂家只不过在玩一个智能的概念，产品本身并没有太多智能与科技元素，但是价格却不菲，这就导致很多消费者望而却步。最为重要的是，购买体育产品的消费者往往是以年轻消费群体为主，这部分人并没有太多的收入来源，尤其是一些没有收入来源的中学生、大学生。

难点四：众多智能体育产品缺乏一个庞大的应用场景。大家都知道，苹果手机今天之所以能够如此盛行，并不是因为苹果的硬件、配置有多厉害，苹果真正厉害的就在于它的生态布局，而这个则是目前所有智能体育产品所缺失的。如果只是单个的智能产品，很难对用户形成真正的黏性。

2. 体育媒体迈向移动化的困难

对于体育赛事的报道，无非就体现在两方面，一个是视频报道，还有一个则是文字新闻报道；其实也就是一个视频媒体，另一个则是文字媒体。今天，已经鲜有人会天天看报纸，有相当部分人观看体育新闻、体育赛事都是通过电脑、手机、网络电视等工具。尤其是手机具备随时随地使用的特性，通过智能手机看体育赛事更是逐渐成为一种趋势，未来的体育赛事将会走向移动化，将会有越来越多体育视频移动媒体与文字移动媒体崛起，不过它们也将面临以下困难。

困难一：版权问题。随着国内几大视频网站对于体育赛事版权的争夺，版权费用的水涨船高已经非一般公司所能承受。不光是版权费用上的问题，还有版权侵权上的问题。今天不管是在视频，还是在文字报道上，盗播、盗版的事情常有发生，如何维护版权问题也将会成为媒体面临的一道难题。

困难二：网速流量问题。使用手机看体育视频直播，如果是有 wifi 的情况还好说，但是如果是在很多没有 wifi 的地方，诸如地铁里、公交车上、公园里、郊外等，使用手机观看体育视频就会受到网速的影响，甚至会比较卡，同时还相当耗费流量，这就需要解决更多场所实现公用 wifi。

困难三：缺乏移动入口。对于很多体育传统媒体和网络媒体来说，它们在移动端并没有入口优势而言，只能借助于微信公众号、微博以及各大新闻客户端作为入口，要想培养一批忠实的粉丝并没有那么轻松。而视频媒体，除了优酷土豆、爱奇艺、腾讯、搜狐等少数几个实力雄厚的视频在移动端拥有一定的用户量之外，大部分的视频网站在移动端几乎没有任何入口优势。

3. 体育商城转向 O2O 化的问题

体育类服装鞋帽有别于其他的衣服，很多购买体育用品的消费者尤其是一些体育爱好者，往往都还是喜欢到店里去体验，而非直接到网上去购买。这也就是为什么在今天电商如此流行的情况下，体育品牌依然要坚持开店的原因，很多体育商城不再只是单纯的线上，而很多线下体育用品旗舰店也不再只专注于线下，他们都在开始线下与线上结合。那么，要把体育用品 O2O

做好，实际上也并不容易。

首先，单纯做线上的体育商城突然开设线下体验店，必然会带来成本的增加。而线下体育用品旗舰店如果自己打造线上平台同样意味着更多的支出，而借助天猫、京东等平台开设网店，同样也需要支出相当的运营费用。并不是说有了线上交易平台，同时也有了线下实体店，这就叫O2O了，否则O2O今天也不会涌现那么多失败者，线上与线下实现完美结合才是最难的。

其次，自建商城面临着流量入口的问题，而在天猫、京东开设了网店，同样还会面临流量入口的问题。毕竟天猫、京东的流量入口有限，为何要把入口给你？你只有花钱做了广告，他们才会给你。在前期，如果没有足够的线上推广费用，线上平台是很难运营起来的，这也就是为何今天几乎所有人都认为去淘宝开店已经很难赚到钱了。

最后，线下服务体验也是个费力的活。可以说，O2O的核心就在于线下体验，只有消费者在线下体验舒服了，才会成为线上平台忠实的用户。而大多数做O2O的创业者则往往都会忽视这一点，盲目认为投入大量资金到市场中才是培养忠实用户的根本。

4. 体育培训挺进线上报名的挑战

说到体育培训，过去因为无法完成线上支付，基本上报名体育课程都是直接到培训点现场报名。但是今天，随着支付宝、微信支付的逐渐普及，越来越多的人都已经开始习惯使用移动支付，线上报名体育课程成为现实，并逐渐成为常态化。那么，这类线上报名、线下上课的体育培训方式还将会面临哪些挑战？

挑战一：如何打消用户的信任障碍，这个非常重要。毕竟很多家长给孩子报名，以及一些学生自己报名参加这种体育培训，他们只是通过线上简单了解了，还没有到线下上课点去看过，不知道学校环境、教学水平等方面究竟如何，他们很难直接在线上完成交易。有很多学员通过这类平台线上报名交费之后去现场看，如果发现并不值得，心理落差会比较大。

挑战二：虽然在线教育当下非常之火，但是对于体育培训来说，更多的还是要到线下去接受培训，体育培训打通O2O闭环的关键同样也不在于线上平台，而是在于线下培训水平的高低。口碑相传是一个不可忽视的力量。同时竞争激烈也是培训类机构存在的一个现状，尤其是同质化非常严重。因此，对于培训类O2O平台来说，选择与一些不错的培训机构合作至关重要。

挑战三：培训O2O平台还需要解决的一个问题就是线上流量的问题。如果不能给培训机构带来一定的用户量，他们继续合作的可能性就会大大降低。尤其是对于很多培训班来说，都具有一定的时效性，如果到了培训时间了，可是报班的人数却非常少，到时候就可能导致班开不起来。

5. 体育社交兴趣化的疑难杂症

在中国的移动社交领域，熟人社交圈正快速发展，而通过追求共同爱好的体育运动来交友也会是社交发展的一个方向。目前已经有很多O2O平台推出了体育运动兴趣社交模式，通过线上约好友，线下交友一起运动。那么，要成功打造一个体育运动兴趣社交平台，需要解决哪些疑难杂症呢？

疑难杂症一：很多所谓的兴趣交友，实际上都是为了找男女朋友去的，这是一种刚性需求，而并非真正彼此有着共同的兴趣爱好。可是，体育运动兴趣社交是一种弱关系交友需求，要想把平台的用户黏性建立起来没那么容易。

疑难杂症二：目前的体育兴趣社交主要分为两类平台，一种是建立于体育资讯平台之上，只是基于线上的沟通交流；另一种则是基于线下约好友一起运动的体育O2O平台，这类平台不同于直接约场馆、约教练，他们在能否实现O2O商业化这条路上会面临比较大的困难。

疑难杂症三：从整个体育社交的产业值来看，体育社交相较于其他细分产业规模总产值可能要小很多，这个领域最终能够容纳的企业生存空间非常小，也就是说这个领域的竞争将会非常激烈。

6. 体育旅游的爆发仍需突破障碍

说到体育旅游，这是一个非常有潜力的新市场。目前在很多旅游景点都开设了不同类型的体育旅游方式，诸如赛事类体育旅游、探险类体育旅游、休闲类体育旅游等。很多旅游爱好者每跑到一个新的旅游景点，都会寻找一些体育活动，比如海上冲浪、蹦极、打高尔夫、游泳等，体育类型的旅游正在成为当地旅游经济新的增长点。那么，在它爆发的前夜还需要突破哪些障碍呢？

障碍一：目前国内的体育旅游还非常不成熟，要想加速它的发展，就必须要借助于互联网的力量。不过从当前整个互联网+体育旅游市场来看，进入该领域的公司还比较少，也就是说这个领域对于创业公司来说还存在一定的创业机会，同时它离成熟期还有一段较远的距离。

障碍二：把互联网、体育、旅游三者结合起来，并不是想象中那么简单。懂旅游的不懂体育、懂体育的不懂旅游，这两者都懂的不一定懂互联网，构成体育旅游的要素是吃、住、行、游、娱+体育资源，行业资源整合存在相当大的难度。

障碍三：对于一个旅游景点来说，线下的安全和配套设施相当重要，而要打造配套的体育设施，这个也需要足够的资金投入。同时，户外的体育运动从安全的角度上来看，多少会存在一定的风险，如何能够确保游客的百分百安全，是旅游景点不得不考虑的重要问题。

7. 体育大数据还要迈出层层门槛

目前已经有公司以 APP 为切入点，通过大数据、轻社交、大健康和物联网，实现软硬件一体化，将人、体育、健康紧密结合，可以说体育大数据将会成为未来整个互联网+体育产业的核心。不过体育大数据要想真正派上用场，还需要迈过几道门槛。

门槛一：说到大数据，其根本就在于数据。目前在国内，百度积累了足够的搜索数据，阿里积累了庞大的电商数据，而腾讯则拥有浩瀚的社交数据，所以目前 BAT 在大数据领域玩得风生水起，并且他们在大数据领域的应用也非常广泛。但是说到体育大数据，目前国内还没有哪一家公司积累了足够的体育运动数据，没有这个数据作为基础，大数据从何谈起？

门槛二：大数据对于技术的要求门槛非常高，除了一整套自有的技术体系之外，还包括了算法、数据可视化、机器学习、自然语言处理等众多技术。而目前国内具备大数据综合技术的人才非常匮乏，这将会成为体育大数据发展的最大门槛。

门槛三：体育大数据最终要与人的健康实现紧密结合，这就离开不智能硬件的配合，通过借助智能硬件收集人体的健康、运动数据，然后进行数据分析。不过从目前国内的体育智能硬件产品市场表现来看，令人非常不满意。

第三节 "互联网+"体育消费市场发展现状与策略

一、"互联网+"背景下体育消费的特征

（一）满足了多样体育需求，使体育消费具有互动性

"互联网+"连接一切的特质，使得体育消费活动过程具有互动性。通常讲，体育实物产品具备普通产品的共同属性，而体育非实物产品较之则具备本身特有的特性。体育非实物产品即体育服务产品具有同步性的特征，即生产与消费活动是在同一时间和同一位置进行的，换言之，生产、交换和消费具备同步性。在过去的传统体育消费模式中，也正因为体育服务产品的这一特性导致体育服务产品不能有存量，更不能成批量地生产，其收益也随之减少。尤其在体育消费市场出现供不应求的状态时，很多生产端又无法提前生产以备无患。进入"互联网+"时代，体育商业模式逐渐基于现代互联网技术，充分借助互联网络等交互工具展开，使得体育消费的生产端与需求端有充分的互动性。相对于传统体育消费或商业模式的单向和反馈慢而言，"互联网+体育"消费模式的众多应用在产品生产过程中的各个层面加强和消费者的互动，注重培养与消费者的关系。主要体现在以下几方面：使得产品的消费群体定位、功能特点以及质量标准的设定，依据消费者的实际需求；在产品或是服务定价时，从消费者的角度考虑他们将要付出的成本，能否为消费者创造价值；在做促销、广告和公关预算时，考虑是否能与顾客有效沟通；在渠道的设计和建设中考虑顾客购买和售后服务的方便性等。在整个生产端的供应链中，通过与消费者充分且及时地互动（检测一个产品或服务是否真正符合消费者需求的过程），全方位听取并尽量采纳消费者的意见。也正因为企业与消费者之间所谓的"单向互动转变为双向互动"，使得当代流行的差异消费和个性化消费成为可能。更进一步的，体育消费的互动性使相关企业的规模经济成为可能，消费者通过参与体育产品或服务的全过程使得生产端与需求端达到有效交流和沟通，最终的产品或服务也就满足了居民体育消费的多样需求。如众多互联网赛事直播平台就能给用户提供个性化服务，如球员数据分析、随时随地直播、通过 VR 直播参与现场互动等。

（二）改变了消费行为模式，使体育消费具有共享性

互联网不仅消除了生产端与消费端的信息壁垒，而且促进了消费活动过程中消费者之间的交流，使得体育消费信息的共享贯穿整个体育消费活动。传统的消费者行为理论即 AIDMA 将消费者从刚接触到商品直至最后完成购买行为的过程划分为五个阶段：A（Attention）诱发注意；I（Interest）激发兴趣；D（Desire）形成欲望；M（Memory）产生记忆；A（Action）促成购买。而该理论运用于"互联网+"体育消费语境中时，消费者行为模式随着环境的变化发生衍变。各种社交媒体的发展以其独特的存在方式将人与人连接起来，使众多的个体合为一个群体，因而消费个体也随之从线下发展到了线上的网络消费群体。那么，互联网中的群体互动究竟会给居民体育消费带来什么样的结果？最早研究群体消费模式问题的美国学者 Boorstin 发现，消费者在决定选择什么消费内容和怎么消费的过程中会不知不觉地聚集在一起，他将这种现象称为"消费社群"。该群体可能具有共同的消费习惯或关注类似的产品/服务的特性。因而，新消费行为模式 AISAS 理论更好地诠释了"互联网+"背景下居民体育消费行为模式。AISAS 理论与 AIDMA 相比较，两者在前两个阶段基本相同，在第三阶段开始出现变化。AISAS 理论在第三个阶段变为 S（Search），即消费者在互联网背景下主动进行产品或服务的搜寻，第四个阶段为 A（Action），即发生购买行为，最后一个阶段为分享即 S（Share）。因为互联网技术的发展，消费者成为自媒体的代言人，能够随时随地分享自己的信息，能够将自身商品和服务的使用体验与其他人分享。大部分体育运动是群体项目，基于互联网建立的体育消费社群无疑能促进体育消费的增长、提高居民的体育参与积极性。AISAS 模式依靠"互联网+"时代的高新技术凸显了市场信息获取和分享的环节。也正是因为这一特性，体育消费信息通过以互联网为中心而扩散开来，从而达到了事半功倍的扩散效果，也从而对体育参与者的购买行为以及收集信息的方式带来了巨大的转变。如各类场地预订 APP、健身类 APP 等的应用，以其社区的建立和分享功能的完善，增加用户黏性的同时也促使用户"主动"共享产品或服务的体验、性能等信息，因而体育消费者的行为模式由被动转为主动。

（三）优化了主要消费结构，使体育消费具有合理性

"互联网+体育"的两者是螺旋式上升的关系，互联网会加快体育生产领

域和社会结构变化的进程，而这种变化又会推动互联网依据体育消费特点在技术上进一步创新，同时在思维模式上更深一层地改造和升华。作用到体育消费结构升级，既需要借助"互联网＋"的商业模式创新体育消费的供给，加快体育投资转型，也需要依靠互联网重构体育消费者的价值观念，以改善体育消费环境。依据现实情况，我国不同人群的体育消费结构存在比较显著的差异，且实物型消费比重大，而参与型体育消费的占比不断提升。而进入"互联网＋"时代，传统体育人群不断转换为互联网体育用户，相关企业利用互联网尤其是移动互联网改造自身产业链并重构与体育消费者的关系，基于用户的需求，改变体育参与者的消费模式，逐渐形成消费升级和打造用户使用体验。与观看赛事直播相比，现场观看赛事对于体育爱好者来说存在更多的障碍，因此，优化赛事直播、提高人们观看赛事的体验也成了众多赛事直播平台最直接的发展趋势。正因为如此，一方面市场上涌现了众多的赛事直播平台，为体育消费者提供更多服务和赛事产品，同时还通过弹幕、社区、解说互动等形式增加用户使用黏性；另一方面社会资本也正在加速布局体育产业，以优化体育消费结构。如各类社会资本对 KEEP 的投资等，都是逐渐优化体育消费结构，提升体育参与者消费效率，使得体育消费更合理化。总之，在"互联网＋"背景下，以移动互联网、大数据等为实现工具的体育产业正在促进体育消费结构的优化。更为重要的是，互联网作为一个信息流动的平台，逐渐形成了它固有的文化属性，进而互联网提供的资源在空间上重塑了居民体育消费环境、改变了人们的体育生活方式和消费行为模式。换言之，"互联网＋体育"的商业模式在需求侧正引导着居民体育消费合理化发展，促进核心体育消费市场即体育健身、休闲、娱乐业和运动竞赛、体育表演业的发展。

（四）拓展了消费的范围，使体育消费具有无边界性

随着信息技术发展起来的互联网是新时代的一种新的信息传递机制，虽然看似通过一定的物理手段解决了信息不对称问题，但本质上解决的是"沟通"问题，因而"跨界"与"融合"也成了"互联网＋"行动计划最大的特点。互联网为拓展体育场的边界并远远超过体育组织传统市场的空间、时间范围提供了机会。即基于互联网的各种消费活动由于成功运用了互联网等技术，传统体育消费过程中时间或空间上存在的局限性逐渐消失，慢慢形成了

一种没有边界的消费模式。一方面，体育依靠互联网与其他产业跨界融合，拓展了居民体育消费的选择范围。现今兴起的移动互联网、虚拟现实、大数据、智能可穿戴、线上票务、智能场馆等，充分细化了体育消费市场，不仅优化了原本的体育消费渠道，更与周边产业融合衍生出新的体育消费选择，如体育旅游、体育广告、体育金融、体育保险、体育培训等，为居民体育消费提供了批量个性化的非标准化产品，满足了新时代不同社会阶层居民的不同需求。另一方面，因为互联网连接一切的特性，使得消费者各类消费信息得到收集，之后再利用大数据、物联网等技术处理所收集的信息，进而得到体育消费者的消费偏好、消费习惯等，因此，体育产品或服务的生产端便能通过分析这些数据展开生产、营销等环节，进而为消费者提供完善的服务。更深层次的，消费者的购买效率得到提高，原因在于体育产品或服务的寻找、选择以及支付等环节得到了充分的优化，在很大程度上保障了体育消费者的便捷性，从而全面提高了人们的消费效率。

二、"互联网+"体育消费市场发展现状

(一)"互联网+"体育消费价值变化

在当前互联网时代背景下，我国体育消费价值也发生了较大的变化，主要体现在五个方面。第一，体育消费的象征性变得更加突出。在互联网技术支持下，体育产品可以在电商平台中进行精细化分类，使得体育消费的功能价值变得更加显著。在体育消费功能价值比较突出的情况下，体育消费的象征性也更加显著。第二，习惯性品牌消费比较显著。当前我国社会民众的生活水平得到了显著提升，人们手中可支配收入也不断提升。在体育消费方面，他们对于生活品位和消费价值的追求也越来越高，导致很多消费者在购买体育产品的时候，都热衷于品牌效应的体育产品①。在互联网时代背景下，体育品牌在社会环境中的传播速度不断加快，再加上直播带货等新型模式的影响，使得消费者的品牌消费变得更加突出。第三，非实体消费比例逐渐提升。互联网消费的便捷性与互联网环境的开放性，使得我国年轻消费者

---

① 王文茹．"互联网+"时代大学生体育产品消费现状研究——以惠州学院为例 [J]．冰雪体育创新研究，2021（8）：145-146．

的消费观念与方式也发生了较多变化。很多年轻人都已经开始尝试体育领域的非实体消费，比如蹦极、攀岩等体育极限运动等。第四，炫耀性高档消费显著增加。"互联网+体育"模式已经成为我国体育消费领域发展的新方向，同时也成为促进我国体育产业发展的重要元素。但是需要注意的是，部分消费者过于追求体育消费给自己带来的身份象征，导致炫耀性高档消费越来越多。第五，多样化体育消费格局逐步形成。在互联网时代背景下，社会民众的体育消费活动也受到了"互联网+"理念的影响，使得体育消费从以前的单一形式与用途的消费模式转变为了多元化的自由消费模式，在很大程度上促进了体育产业的成熟发展。

（二）"互联网+"体育消费的新模式

在互联网技术支持下，我国体育消费也出现了很多新模式，这里也结合我国体育消费领域的实际情况，针对各类新模式进行综合阐述。第一，体育实物产品的O2O模式。这套体育消费模式主要是传统体育实物产品线下消费模式在互联网时代下的线上转变，使得体育消费活动可以较好融入电商经济元素，在互联网时代下取得更好的发展成效①。第二，体育赛事与培训产品的O2O模式。这套模式是由培训企业和赛事举办方等主体通过互联网发布信息，面向消费者提供赛事门票售卖、训练场地、培训教练预约等服务。第三，互联网体育彩票模式。这套模式是传统体彩产业的互联网转变，在互联网平台上进行线上运作。这种新型模式的运作效率非常高，但是相较于传统体彩产业来说缺乏较强的服务意识，同时诚信度与公信力也没有得到社会民众的充分认可。第四，电子竞技及运动的互联网消费模式。电子竞技平台运营商通过代理竞技游戏产品获得较高的收益。在当今时代背景下，很多知名电子竞技赛事的IP价值也在不断提高，使得基于电子竞技的体育消费变得多元化，可以创造更多盈利点。第五，体育版权消费模式的转变。在传统体育消费领域中，体育版权的购买者主要是各个电视媒体，但是在互联网时代背景下，各个移动互联网运营商也加入版权购买活动中。在体育教学科研文化产品版权消费过程中，也出现了较多移动互联网运营商，使得这些文化产品可以在互联网环境中得到更好的传播。

---

① 黄丹，刘树军."互联网+"背景下我国体育消费研究数据解读——基于CiteSpace可视化分析［J］.当代体育科技，2021，11（10）：1-5.

(三) 我国体育消费领域的基本现状

在全面健身等战略理念全面贯彻的背景下，我国社会民众参与体育健身运动的积极性得到了显著提升，同时他们也愿意为体育运动付出资金，这也使得我国体育消费整体规模在过去多年时间里得到了显著提升。但是需要注意的是，我国体育消费行业领域发展过程中还存在较多问题，导致体育消费活动很难得到长远稳定发展。特别是在互联网时代背景下，互联网技术支持下的体育消费活动得到了飞速提升，体育消费模式也在不断创新。但是关于体育消费的管理与战略规划还存在明显不足，导致整个行业的内部环境比较混乱，不利于体育消费产业的战略发展。在这种情况下，就有必要结合我国体育消费产业的实际发展情况，并立足于互联网技术支持的背景，全方位探索体育消费发展过程中存在的具体问题和面临的实际困境，并结合相关理论知识提出针对性的解决策略。这样以后，我国体育消费产业就可以在互联网技术支持下实现较好的创新转变，最终在复杂行业环境中取得较好的发展成效。①

三、"互联网+"体育消费的市场发展策略

(一) 基于生产主体视角

1. 提高产品质量，推动体育互联网产品创新

产品是任何一个市场活动的最基础的要素，也是市场进行一切活动的关键。一个体育产品进入体育消费市场后能否引起消费者的注意以及产生购买的意愿，首先取决于体育产品本身的吸引力。随着科学技术的发展尤其是移动互联网技术的普及，这些硬软件基础为体育产品或服务质量的提高创造了物质条件，体育消费市场也随之发生改变。从另一角度来讲，进入消费互联网时代，互联网商业化是从提高产品或服务的销售效率开始的，而随着移动互联网的普及，以"互联网+"为核心的产业互联网逐渐占据市场的主体，形成互联网商业化趋势的第二次浪潮。因此，体育消费市场的供给端应借此改善体育产品体验、降低体育消费价格。通过消费者数据和互联网技术

---

① 普瀚琪. 互联网技术支持下我国体育消费的发展现状与创新策略 [J]. 冰雪体育创新研究，2022 (6)：173-175.

等生产和优化体育产品或服务。当前，体育类互联网产品的消费者仍保留着传统体育消费的基本属性，但加入互联网元素后又促使体育消费者朝年轻化趋势发展。因此，"互联网+"大环境中，体育产品或服务的生产要细分体育消费市场，针对不同消费人群，考虑不同人群的生理、心理和行为特征，注重其对便捷性、社交性、时尚性等不同特性的要求，设计和生产个性化和定制化产品。其中观看体育赛事作为体育消费最大的需求之一，企业要在发展赛事 IP 品牌基础上，注重升级优化赛事直播观看以及社交互动的体验。在"互联网+"背景下，一个优质的赛事 IP 品牌不仅能为参赛队伍和投资者创造多样价值，更可以对体育受众群体有巨大的辐射作用，并通过产业的跨界与融合培育泛体育消费市场（如旅游、广告、媒体、教育、地产等行业）。更进一步的，与国际赛事品牌公司合作交流，引入国际赛事市场开发经验，学习其运作机制、人才培养以及商业体系，基于此，要挖掘和培植国产品牌赛事，打造本土品牌赛事 IP，创新赛事发展模式，逐渐改变国人观看和参与体育赛事的消费习惯和消费观念。其次，以体育 O2O 作为群众体育消费的切入点，充分考虑用户的特点、考虑用户的使用场景、使用习惯，以达到体育类 APP 设计时主次分明，提高用户黏性。

2. 加强宣传力度，吸引更多的体育消费者

加强体育类互联网产品或服务的宣传力度，一方面包括实现多渠道营销，吸引更多的体育消费者；另一方面也包括借助新媒体传播媒介，宣扬体育对健康的促进作用，形成符合当代社会发展的体育价值观，并积极地参与体育消费生活。如果把体育消费看成一个完整的行动系统，那么"互联网+体育"消费便是其衍生而来的内部结构更复杂的新行动系统。人们在适应新行动系统时，需不断地根据自身生存的基本需求分化和发展新的消费观念。基于此，充分利用互联网平台以及体育类 APP 的作用与"互联网+"时代大众传媒的向导功能，提倡、引导居民参与新兴体育消费方式，提高它对人们的吸引力和兴趣。如在建设学校、社区及职工互联网体育平台中充分融入健身常识、体育小百科等内容，通过线上体育课程、赛事活动等方式由浅入深地传播健康消费和理性消费观念，使居民体育消费由低层次向高层次转变、由被动向主动消费转变、由习惯免费消费转向适应个性化付费消费方式、由盲目消费转向理性消费。在社区或俱乐部等地方实行智慧体育试点，对不同社会阶层的体育消费者给予不同的"互联网+体育"产品和服务，利用互联

网实现资源的合理配置，即在需求、价格、空闲时间等方面实现点对点对接。对已经不符合时代发展需求的生产方式以及达不到规模经济要求的相关体育企业，采用坚决淘汰的办法，尤其对那些不科学不健康的，甚至对身心有害的消费行为坚决予以取缔，部分有条件的企业应逐步展开互联网改革，以实现产业结构调整。另外，充分利用"互联网+体育"产品和服务消费低、效率高的特点，通过一定的补助（如与医保卡服务连接），逐级地创造一些条件使消费水平较低但又有体育消费意愿的居民享受或是接受"互联网+体育"产品或服务，即让优良的消费似水波原理一般逐渐推开和发展，最终普及到每位居民。以层层递进、由点及面的方式更新人们的体育消费观念，推动居民体育消费行动系统在分化和发展过程中，不断排除和避免对本身有效运作的各种不利因素和不正常功能，从而使之在新阶段重新达到平衡与和谐的状态。

3. 重视人才培养，促进"互联网+体育"融合

良好的体育消费市场的构建，离不开对专业复合型人才的培养。无论出于何种环境，对人才的培养都是一种人力投资，都是对人或对产品增值的过程，一方面对人或对产品本身都有一种优化，例如促进产品生产和营销过程的进行，另一方面更是对整个社会生产力的提高。而且，要实现"互联网+体育"的跨界与融合发展，互联网思维以及互联网技术是其核心要素，因此，"互联网+"背景下体育消费市场发展过程中，人才的培养是产业融合发展的关键环节。对此，其一，要转变人才的思维方式，注重"互联网+"思维、技术的培养。常言道"改变人生，从改变思维开始"。用在此处，变成了"要实现'互联网+'，首要实现'互联网思维+'"。例如互联网思维包括多个关键词：数据思维、平台思维、参与感、快速更迭等。思维的改变往往比技术的习得更为难得，也更为重要，互联网思维与互联网技术的关系亦是如此。因而，无论是学校、企业还是家庭甚至是政府相关部门的宣传都应让互联网思维的培养"先行"。其二，无论是企业内部还是企业之间都应该形成良好的教育方式，促进各个部门之间的合作培养。互联网产品的更新之快无须赘言，其技术必然每时每刻在优化。因而我国的政府或企业应该抓紧相关技术人才的培养或是引进。其三，要给予相关政策的大力支持，提供优越的人才培养环境，尤其是对体育专业人才的培养，要注重交叉学科的教学，加强交叉学科的建设。积极发挥高校人才培养优势，学校应该对相关专业学生的培养方案进行优化，以期形成校企共赢的局面。培养既懂体育又对

互联网技术掌握熟练的相关研究人才，并为其提供实践机会，早日与市场接轨，在实践中学习。其四，建立人才交流的平台或创造人才交流机会，加强包括同领域或是相关性较强的领域的人才的交流和合作。一方面，通过提高薪酬或是相关福利来吸引既懂互联网行业又深谙体育行业发展规律的管理人才或是技术人才，以期打造"核心"科研团队，使其带动和培养新一批人才。另一方面，企业或组织应为有潜力的员工提供进修的机会，进行全方位培养。此外，企业或组织还应建立精神激励、薪酬激励等工作机制，以激发员工的工作动力。

（二）基于政府部门视角

1. 不断加强制度创新，营造良好的市场环境

通过完善制度建设和互联网基础设施建设，努力培育体育产业成为我国的主导产业之一，培养体育经济成为我国经济发展的新增长点。首先，政府各级部门应当认识到互联网与体育融合发展的重要性，尽快完善相关法律法规体系，为体育消费市场创造发展环境，从行政改革入手，建立统一的体育信息共享平台。通过健全相关法律机制，为技术创新提供制度保障。充分发挥产学研效用，支持技术和人才的引进，鼓励技术创新，鼓励体育商业模式的创新。

同时，应培育"互联网+体育"消费市场的良性竞争，政府提供相关政策支持，市场自主调节，两者协同促进新型体育产品或服务完成更替。培植市场竞争多元主体是市场实现自主调节必不可少的环节，也是打破市场垄断的必要手段。因为"任何组织一旦具有垄断性，就会缺乏强烈刺激去提供它的服务对象所期待的服务"。对于"互联网+体育"市场的竞争，因其是新兴产业，社会力量和资本的引入处于起步阶段，且在商品经济时代，一个品牌或是一类产品得以持续发展且更新是通过市场竞争机制实现的。因此，相关政府部门应考虑居民体育需求、市场环境等因素制定市场竞争机制，使企业在有序发展、科学规范的框架下相对自由地竞争，避免竞争的异化，出现市场错误导向，也争取在"互联网+体育"市场发展初期给予其规范和引导，以期保证居民体育消费正确导向和维持市场的健康可持续发展。

2. 建立全面健身服务体系，弥补市场资源不足

完善全民健身公共服务体系是居民体育生活的重要保障。在国家推行的

"互联网+"行动计划中有提出，加快互联网与政府公共服务体系的深度融合，探索公众参与的网络化社会管理服务新模式。"互联网+体育"是完善全民健身公共服务体系的基础设施和实现工具。在"互联网+"行动计划实施以来，我国很多地方已率先建立互联网体育公共服务平台，逐步建立"政府主导、社会参与、市场运作"的多元化运作机制，为居民提供便捷的体育公共服务。在建设体育公共设施方面，政府部门可以基于互联网平台通过众筹和众包的方式满足居民体育生活的各项需求，真正做到以人为本。在这里，众筹是指以体育政府部门为发起人，借助网络平台依靠群众力量募集资金。众包指本由体育相关部门执行的具体工作，可以通过网络做产品的开发需求调研，以居民的真实体验为出发点建设体育公共设施。在运营体育公共设施方面，体育相关部门可以借鉴成都的"体质健康全城约"、重庆的"互联网+体育"生活云平台以及湖北的"去运动"体育公共服务平台模式，整合已有的社会体育资源，通过互联网平台统筹、协调、配置公共体育资源。利用互联网的便捷和高效，简化各项公共服务流程，为健身创造有利环境。依托移动互联网的实用性平台将体育赛事信息、体育场地需求和体育产业信息等进行融合，为居民提供便捷的体育生活。通过场馆运营管理和购买公共服务采集各地体育场馆信息，方便居民随时就近预订场馆进行健身活动。综上，"政府主导、社会参与、市场运作"的全民健身体育公共服务体系正在逐步建立，并且实现了科技成果的有效转换，应在此基础之上加以完善并广泛推广。

3. 持续推进互联网普及，加大互联网设施建设

农村体育消费市场一直是我国体育消费市场发展的短板，我国应当以推进农民"互联网+体育"消费为基点或是契机，提升我国居民"互联网+体育"的整体消费。长期以来，城乡体育消费差距扩大的实质原因是城镇与农村之间的要素流动与资源配置方式的问题。因此，加大基础设施投入是推进农村"互联网+体育"消费的关键。一方面引导社会力量盘活存量资源，如改造旧厂区、闲置运动场等，或与学校、企业等合作将体育场馆对外开放，基于此，在有条件且有区域特色的地区，可以根据特色项目新建智能场馆试点，推行"智慧体育"方式方法；另一方面，互联网基础设施是城乡体育资源共享、优化资源配置的必要条件。结合农村其他产业发展共同建设互联网基础设施，如农村电商、农村物流等，农村体育产业与之融合，根据农村的地域特点、人口分布等特征，尽量以城乡一体化发展为原则构建体育产品或服务销售、使用的供销和物流体系，以持续优化和完善农村的"互联网+体育"消费环境。与此同时，引导农村居民体育消费需求，提升农民体育消费意愿，培养其消费习惯。具体而言，充分利用"互联网+"时代大众媒体的传播优势，面向青年群体尤其学生宣传"互联网+"时代多样的体育参与方式（需要特别提及的是体育培训类产品能有效弥补农村地区社区体育指导员不足的劣势，体育赛事产品也将借助互联网平台深入农村体育生活），再由学生等青年群体向中老年人群体传播"互联网+体育"产品或服务，以点辐射面，普及新兴体育参与方式。加强农村社会文化建设，努力宣传体育运动及其社会文化价值，引入新兴体育运动项目，为农村体育运动的开展注入新鲜活力。尤其要提及的是，农村将是"互联网+"时代特有的线上赛事开展及普及的极佳区域，线上赛事既有效弥补农村体育赛事的不足，也是体育赛事向农村推广的突破口，线上赛事普及农村将会循序渐进地释放农村体育赛事消费的潜力。因此，不断优化农村地区的体育基础建设和加速农村地区的互联网基础建设将有助于释放农村居民体育消费潜力，提升我国居民整体的体育消费。

第四节　"互联网+"网络体育传媒转型发展策略分析

一、从"门户网站"向融合媒体的转变

（一）赛事直播方式转换

媒体传播技术的变革，促使网络体育传媒产生新的图景——"移动观赛"，其从传统的只能通过 PC 端进行赛事直播和体育赛事报道，转变为手机端、pad 端等多屏式的赛事直播 IP。

手机这一移动端已经成为最主要的观赛设备。而网络体育传媒的赛事直播也随着这一态势的形成，摆脱单一"门户网站"形式，变为覆盖面更为广泛的多渠道赛事直播，逐渐形成"融合平台"的趋势。对于网络体育传媒而言，平台资源和输出端口是其重要组成部分，二者缺一不可，"互联网+"所带来的技术支持等因素使其二者得以兼具。

1. 赛事直播模式变革

"互联网+"的到来使得网络体育传媒的赛事直播发展处于指数增长期，作为体育传媒产业链中的一环，使得广大受众得以拥有更高品质的多元化灵活观赛体验。网络体育传媒作为新兴"多屏式"下的载体，使得传统电视体育媒体在体育媒体范畴中的主体地位逐步受到威胁并产生动摇。移动互联网用户在过去一年多的时间里有多屏媒体行为，多任务"媒体消费行为"俨然成为当下的普遍现象，赛事直播模式的变革亦在悄然发生着，"移动观赛"已然到来。

当代网络体育传媒正以强大的力量推动体育赛事直播变革。长久以来，电视近乎是唯一的观赛方式，相比于亲临赛事现场的"初级受众"而言，电视因其打破空间和时间的限制，为"次级受众"观看赛事直播等提供了一种新的途径，因而可以说电视一度垄断了体育赛事传播，成为主要传播途径。即使在互联网发展的初期，由于技术等客观因素的局限，网络一时也未能对电视这一根深蒂固的观赛方式产生实质性的影响。但是近年来，由于"互联网+"促进新媒体的快速发展，加之移动端技术的突破性进展，即便网络的高清、快速、互动等优势并未在体育赛事直播中完全实现，但是时代更迭，如今的体育赛事直播已呈现出多渠道、多模式、多屏幕的趋势，"两微一端"的体育赛事直播模式已然形成。其中，移动端，即APP已成为体育赛事直播的重要观赛途径，艾瑞咨询的相关数据显示，受众平均每天花在APP的时间为127分钟。随着"互联网+"时代的到来，APP的整合与互联已成为趋势，随着超级APP的产生，它与人工智能开始打造全新的观赛方式的平台，加入新功能以期覆盖更多的体育用户群体，体育赛事直播的互联网化，在线视频服务的迅速移动化，使得移动端的使用人数和使用时间明显超过了电脑端。

2. 体育赛事版权的竞争

腾讯体育以5年5亿美元的投入获得NBA网络独家直播权；新浪斥资夺得欧冠、欧联杯、欧洲超级杯视频直播权等，伴随着众多网络体育传媒圈获得相关赛事版权，受众通过电视渠道观看体育赛事的形态发生了变化，"互联网+电视""直播+点播"等成为体育受众的主要观赛形态，"互联网+"的到来可谓为赛事转播权的进一步发展又一次蓄力。

对于赛事转播权而言，网络体育传媒是从零出发，唯一不同的是网络体育传媒需要以赛事转播权的确立来吸引用户，互联网平台是分割客户，而电视则是"积淀用户"的再开发。在这一过程之中，赛事转播权的转变也是经历了几个过程，从之前各类大型赛事的直播版权都由央视负责购买，其他机构不再购买，到体育市场逐步市场化的过程中，体育产业的大发展带动了体育赛事版权收入的爆发式增长，尤其是在 2014 年 10 月国务院发布《关于加快发展体育产业促进体育消费的若干意见》之后，文件明确了"放宽赛事转播权限制"，各大网络体育传媒在体育赛事转播权上投入重资，各自强化自身的"媒体渠道"建设，通过内容来吸引用户，赛事转播权市场已进入群雄逐鹿的局面。网络体育传媒领域的"版权"大战也深深冲击着传统电视体育直播平台的地位。就目前而言，电视体育媒体在版权投资理念与力度上和网络体育传媒相比较存在一定差距，体育用户也正把关注度逐渐从电视转向手机等移动端屏幕。网络体育传媒的赛事版权之争，也正进一步优化体育赛事市场的版权分配格局，让不同平台之间有机会实现"互补"与协同配合，进一步促进形成符合中国市场需求的体育赛事版权市场。

（二）整合与重塑网络资源

对于网络体育传媒而言，仅仅依靠传统的体育赛事转播，过于单调，不能满足受众多元化的需求，"互联网+"所带来的碎片化时代使得各大网络体育传媒逐步摆脱原有的"门户网站"形象，除了拼版权的争夺之外，整合视频网站资源，以优质资源为先导，依托自身赛事资源自制节目，注入自媒体、社交媒体等功能载体，跨视频网站固有界限打造体育赛事平台式传播机构新模式。

当下网络体育传媒的"互联网+"体育趋势逐渐形成并强化，网络体育传媒积极探索"互联网+体育"并涉足其中。传统体育传媒与网络体育传媒积极合作，渗透至体育赛事的各个细分领域，在整合资源的过程中，其融合性与拓展性也愈发增强."互联网+"时代所带来的移动互联网、大数据、虚拟现实、视频、智能场馆、智能可穿戴、线上票务、社交等科技新元素，更使得网络体育传媒有了清晰的发展方向，体育节目包装、多元化引进资源，满足受众多样化需求等成为网络体育传媒的努力方向。

（三）凸显社交需求

以奥运会为例，2004 年可以说是"图文奥运会"，2008 年是"微博奥运会"，2012 年是"视频奥运会"，而 2016 年的里约奥运会无疑是"社交奥运会"。"互联网+"时代的到来，使得受众对于观赛的需求状态逐渐发生了很大的变化，其所带来的新的技术和传播方式，无疑改变着网络体育传媒的方方面面，社交需求的产生可以说是近年来"互联网+"的冲击下网络体育传媒变革的一个缩影。

当十二年后，中国女排重回世界巅峰，获得奥运金牌的那一刻，已经可以在朋友圈看到多篇关于"女排夺冠" 10W+的文章，朋友圈一时成为直播女排夺冠的"弹幕"，微博话题"中国排球梦之队"的阅读量也超过 2.1 亿，讨论超过 23.6 万条，受众对于奥运赛事的理解，尤其是新一代受众对于体育赛事传播的理解已经出现截然不同的态势，可以说网络体育传媒抢走了传统电视体育媒体的用户群体。而"洪荒少女"傅园慧超高的话题度更是网络体育传媒社交需求展现的最好诠释，可以说"互联网+"时代的网络体育传媒已经进入社交传播时代。

由于体育赛事传播本身具备互动性、时效性等特点，其与互联网基础设施的发展成正比关系，正是由于"互联网+"技术的更新，体育赛事传播出现逐渐从传统电视到门户网站，再到直播平台和网络社交平台的转移，使得受众不再局限于满足对于赛事本身信息的索取，更多的是通过媒体去发表自己的看法和意见，进而形成社交传播，受众也不再仅仅作为传播过程中的接收者的角色，而是发展成为兼具着传播者的角色出现。加之，目前国内手机上网用户已超 12 亿，4G、5G 无线网络可谓无处不在，高清视频可以说渐成现实，弹幕、直播等互动手段的兴起等客观因素的存在，可以说赋予了网络体育传媒滋生"社交传播功能"的最适宜的环境，社交传播功能的逐步兴起与完善也成为吸引体育用户关注体育赛事的又一结合点。

（四）线上与线下相连接

网络体育传媒的发展，可以说不再仅仅局限于传媒，更像是一个公司企业，通过将自身具备的资源进一步覆盖主流 IP，渗透至体育赛事细分的类别中，推动体育营销，进行赛事运营转型的新尝试，通过线上线下经营，做成全产业链式的产业公司。

网络体育传媒之争说到底是赛事服务之争，但是"十三五"有关体育行业的规划出台以来，互联网体育行业各个细分市场均已进入快速增长阶段，网络体育传媒也不例外，逐渐被视为具备巨大价值空间的产业来进行开发，其中赛事服务更是被各大网络体育传媒视为争夺的重点。2021 年，中国体育市场推广解决方案包括对体育俱乐部提供赞助，占整个市场的 33%，对体育赛事的赞助占整个市场的 29%，对运动员赞助占整个市场的 29%。[①] 未来赛事服务的增值空间十分巨大，这也正是各大平台积极摸索构建全产业链公司的动力所在。

从当前的一些相关数据来看，各大网络体育传媒借助各自丰富的产品矩阵，联合平台产品，聚合受众参与体育赛事的所有场景，实现立体化传播，已不再仅仅满足于构建一个媒体平台，赛事周边衍生产品的出现，进一步拓宽了网络体育传媒的新"权益"，从终端推向赛场，树立自身品牌影响力，实现对体育用户的触达和锁定，激发全新的价值体系，逐渐打通体育产业链上下游，用衍生服务来构建产业链公司。

二、网络体育传媒与自媒体的交叉融合

相对于传统电视体育媒体来说，网络体育传媒更像是通过自身具备的平台优势以体育资讯、视频节目、深度评论等内容构建自己的内容框架，通过多载体式的传播途径，形成一个媒体矩阵。同时通过自媒体的孵化和相关垂直内容进行合作，完成内容扩张，并在此基础之上以网络体育传媒自身网站平台为核心建立媒体集群，吸引球队球星、运动攻略、消费意见等更为多元化的优质内容进驻，其中最为重点的则是与自媒体的交叉融合。各大网络体育传媒纷纷推出各自的自媒体扶持战略，在这一过程，自媒体开始逐渐呈现出机构化、联盟化的特性，其商业化亦被发掘，产业化特征日益显现。

（一）开发网民原创节目

随着"互联网+"时代的到来，众多传统电视体育媒体的媒体人纷纷跳槽到以腾讯体育、阿里体育等为代表的网络体育传媒"新贵"中，他们所带来的成熟的体育赛事制作技术与理念，缩小了传统电视体育媒体与网络体育传媒的质量和水平上的差距，这其中所展现的一种全新的自媒体形式，即网

---

① 资料来源：体育发展趋势：2022 年体育发展前景强大。https://www.chinabgao.com/freere-port/85984.html

络体育传媒依托自身赛事资源开发自制的各种网络原创节目，开发网民原创节目，成为新形势下自媒体与网络体育传媒交叉融合的重要表现形式。

以腾讯体育为例，科比退役可谓 2016 年 NBA 的重要新闻事件，作为 NBA 在中国的数字媒体独家合作伙伴，自媒体借助腾讯体育在这一新闻事件的表现上可谓赚足了眼球，其中不得不说的就是《科比的 8 堂课》这一栏目。借助腾讯体育作为网络体育传媒平台的优势，该栏目通过个人传记的表现形式，用热爱、爱恨、对手、胜败、领袖、家庭、告别、坚持等 8 个关键词勾勒出 NBA 球星科比在球迷心目中的轮廓，向这位传奇人物致敬，很好地与腾讯体育的赛事传播形成交叉互补，形成同样具有看点的赛事衍生主题节目范畴。

事实上，开发网民原创节目，借助网络体育传媒的网站平台优势，促使网络体育传媒的品牌朝内容上游靠拢，进一步增强用户黏性，提升受众群体基数，使其成为提升网络体育传媒品牌形象的优质渠道，成为提高其竞争力的有力因素。

（二）培育原创作者

自 2016 年以来，随着网络体育传媒的进一步发展，作为行业内重要组成部分的自媒体也不再满足于"小打小闹"，其在发展中展现出较大的内容吸引力，潜在价值逐渐凸显，其中"爆款"作品更是屡屡引发刷屏效应，获得千万数量级融资的内容创作者活跃在各大网络体育传媒。培育原创作者也成为网络体育传媒在"互联网+"背景下转型发展的重要内容之一。

在资本青睐之下，自媒体行业发展快速，培育原创作者，使差异化成为自媒体在各大网络体育传媒竞争中的关键所在，其重要性被视为不亚于赛事版权的地位，成为网络体育传媒迅速积累体育用户的重要手段。

对于一家希望做到"优秀"的网络体育传媒来说，只有赛事直播是不够的，具备差异性，避免同质化，同时拥有优质的自制节目和丰富的栏目形式，才可能扩大自身购得的赛事版权在体育赛事传播过程中的影响力，做到体育媒体与赛事资源的共生乃至共赢。而培育原创作者的自媒体正是目前差异化竞争中的最重要一环，成为网络体育传媒最具有潜力的"业务线"。自媒体与网络体育传媒的交叉融合，使得各大网络体育传媒形成兼具各自特点的差异性，进而进一步促使其在体育赛事的报道等内容营销上可以更好地将创意水平、制作水平以及"媒体素养"呈现在受众面前。

而网络体育传媒也会通过发掘具备优质内容的自媒体，通过与其原创作者签约等合作方式，将其打造成具有一定水准的自制节目，进而进行"造星"计划，增强自身竞争力。体育媒体围绕自身的版权内容，进行策划和深加工，使得其自媒体的意见领袖的核心观点精彩呈现在受众面前，既将版权内容进行了高效整合，也充分实现了自媒体内容差异化的价值营销，使其形成了一套成熟的运作模式和体系，释放效用最大化。

"互联网+"时代的到来，加之新媒体的迅猛发展，客观因素上要求网络体育传媒在进行赛事传播过程中更多的是需先做好"匠人"角色，将赛事服务、用户体验等做到最优，在发展过程中，形成独具特色的差异化，从而为受众提供更为个性化和定制化的观赛体验，并进一步探索网络体育传媒发展的新路径。

（三）平台融合的商业价值变现

2016 年这一年中，自媒体可以说成了一股蔚然洪流，其快速发展的格局，使得越来越多的受众群体逐步通过自媒体获取新闻资讯，并逐渐形成以内容为核心、以社交关系为纽带、注重分享和互动的移动阅读全新局面。在依托于"互联网+"时代的移动互联网发展和阅读模式变迁中，自媒体在网络体育传媒这一领域内逐渐开始扮演着越来越重要的角色。在这一过程中，自媒体所呈现出的商业化特性正逐渐被挖掘，以期做到平台融合间的商业价值变现。

根据企鹅智酷调查的数据显示，自 2015 年以来，各路资本加入自媒体的积极性高涨，资本的投入力度不断加大。例如腾讯于 2016 年推出的"芒种计划"，明确指出作为该平台入驻的自媒体在文章页面所获得广告收入全部归其所有，扶持具有原创和优质内容的自媒体并给予全年共计两亿元的资金补贴。《2021 年互联网广告数据报告》称，2021 年我国广告行业实现了 5435 亿元的广告收入，相比 2020 年实现了 9.32%的同比增长。而这一增长主要得益于互联网行业内生需求的增长。① 应该说，自媒体的入驻，在网络体育传媒的扶持之下，也为网络体育传媒带来一定的商业回报。由于体育赛事的特殊

---

① 资料来源：2021 年互联网广告收入榜出炉。http://www.ex12580.net/news/detail/11393

性，拥有越多的体育用户，形成较为持久的黏性，才能聚集一定规模的稳定受众群，从而创造更大的流量价值、广告价值，突出渠道价值，从而实现商业变现。也正是由于这一特点，自媒体的商业价值被逐渐放大，引起各大网络体育传媒的重视与关注。而巨大的市场价值潜力，也无疑使腾讯体育等媒体方与自媒体的合作深度更进一步，从而让自媒体的商业性更加显现。

相信在不久的将来，自媒体与网络体育传媒的交叉融合，将在内容上更加专业化、组织结构上更加公司化，品牌形象构建也将逐步从个人魅力深化转变为机构特色，资本的介入促进其进一步发展也将变得更为普遍，同时逐渐加快自媒体产业化的进程脚步，从而进一步促使网络体育传媒在"互联网+"时代转型发展。

三、搭建"平台化"网络体育传媒

在"互联网+"的环境视域下，网络体育传媒正在逐步实现将资讯、直播、社交、视频、游戏、观赛及电商等多个渠道打通，形成联动自身系统产品的"平台化"发展格局，实现立体式发展。现阶段已摆脱传统"门户网站"式平台，转换为为受众提供多种观看体验和更为丰富有趣的内容，为大量 UGC 内容提供分享平台，为受众运动过程中的社交快感而形成的社交应用等具体范畴的多样化载体。

（一）赛事服务平台

随着各大网络体育传媒平台对于赛事版权的接连引进，受众对于赛事直播观看体验持续提升和线上体育用户群体规模不断壮大，网络体育传媒开始从赛事直播入手，通过资讯报道、节目制作、用户社交等多方面积累用户，进行赛事服务，逐渐从一个单纯的体育媒体转播商的身份转向连接受众与体育内容的平台式的赛事服务平台。

网络体育传媒通过"两微一端"的架构体系，从赛事 IP 资源切入，基于对受众的深刻理解，通过与优质内容合作方合作的方式，创新发展路径，借助各自技术平台和产品能力，将 NBA、中超等这些优质的赛事内容和资源提供给受众，改变传统观赛体验。通过付费观赛等具体形式，搭建赛事服务体系，摒弃仅仅依靠赛事本身的单一路径，提供更多增值服务，比如高清服务、多角度观赛以及电商服务等，对"互联网+"背景下的网络体育传媒发展进行更多的尝试和积极探索，更新理念去吸引体育用户，建立影响力。

以腾讯体育而言，在获取 NBA 等顶级赛事版权资源的前提下，其并未把自身变为一个体育 IP 运营商，而是集聚资源核心打造一个连接用户与体育内容的平台，即赛事服务平台。腾讯体育凭借腾讯系统所具备的先天性社交优势，将体育赛事传播通过新闻客户端、腾讯视频、腾讯体育 APP 等多个内容平台实现互通，与此同时，兼顾 QQ、微信等社交工具的传播功能，进而形成一个覆盖范围更为广泛的大平台。

（二）全媒体平台

麦克卢汉说过"媒介本身就是改变社会的一种力量"。"互联网+"时代到来，传统媒体与新媒体之间的关系呈现出逐渐融合的发展状态，日新月异的传播手段层出不穷，多元化的传播方式日益突出，包括网络、电视等在内的各类传播工具。涵盖了受众接受信息的全部感官，并针对特定受众群的既有获取信息需求，选择合适的媒体形式，深度融合，提供对于受众而言有针对性的媒体服务，实现对受众群体全面覆盖的同时达到最佳的传播效果。在这一浪潮中，网络体育传媒概莫能外，我们已经置身于互联网技术构建的全媒体大生态之中。

从 PC 端到移动端，受众获取体育赛事讯息逐渐呈现出碎片化、移动化、社交化的"多屏"接收特征，多维度的关系链渐趋形成，网络体育传媒的全媒体平台化趋势可以说涵盖了所有新媒体平台，实现最广覆盖。其通过视频、直播、社交等多种媒体表现手段，通过客户端、微博、微信等不同传播渠道，使受众可以通过电脑、手机、PAD 等多种终端完成对于信息的融合接收，可以不再局限于时间、地点等客观因素，突破终端壁垒获取任何想要的信息。

譬如通过其独有的多屏平台和线上线下多维覆盖发展格局，从超级电视到手机，从 APP 客户端到直播平台，不断融合体育用户的碎片时间，进而实现 24 小时全天候的"霸屏"传播，打出全媒体战略，号称打破割裂，一条链接满足用户一站式体验。

（三）体育营销平台

"互联网+"时代移动互联全面到来，加之体育产业的热潮涌动，网络体育传媒自然是其中的重要参与者。在互联网高度发达所带来的新态势背景下，赛事 IP 与网络体育传媒形成共生共荣关系，只有通过网络体育传媒这一中介，才能使其真正实现自身价值。这就使得网络体育传媒不得不转换为体育营销平台。

自从 46 号文发布之后，我国体育产业的发展进入了黄金期，借助"互联网+"的技术变革等带来的影响，体育赛事直播垄断格局悄然被打破，融合于网络体育传媒平台的受众面不断扩大。由此带来的体育赛事的高收视率和高关注度也点燃了品牌商等各路资本赞助的热情。网络体育传媒通过线上与线下的有效结合，比赛现场和后台终端相对接的多层次合作与开发应用，目的在于构建一个覆盖赛事版权、赛场广告、赛事赞助和周边衍生产品等整个环节的体育营销链条，为网络体育传媒在新形势背景下带来更多发展的机遇，同时开拓创新的思路以激发体育营销产生全新价值。

网络体育传媒作为体育产业链的中游的重要组成部分，在主打中介资源开发应用的基础之上，贯通体育产业链的上下游，开创体育营销新局面。2016 年作为大赛年可谓体育媒体年，更是各大网络体育传媒的营销大战年，这就使得 2016 年不仅仅是四年一度的奥运年，更成为体育营销新时代的开启之年，网络体育传媒正朝着体育营销平台这一方向发展。就像腾讯体育致力打造体育营销的一站式服务平台一样，网络体育传媒依托自身的科技、数据、平台优势，旨在形成覆盖版权赛事线上资源、赛事赞助、商业开发以及体育经纪的资源形态，继续引领多维度、全场景的体育营销新趋势。

第三章　体育产业与文化产业的融合发展研究

文化具有一定的引导性。新时期体育产业的发展，需要与文化产业有效结合，文化产业促进了体育产业的社会化和大众化，也对体育产业的创新发展起到了一定的促进作用，成为一个强有力的支撑。因此，在中国高度重视体育的背景下，我们应该大力推动体育与文化产业的融合。

第一节　文化产业基础理论分析

一、中国文化产业的兴起

中国文化产业兴起和发展是经济发展和社会进步的必然结果，是人民日益增长的文化和精神需要的客观需求，其得益于国家对文化产业在现代社会中的价值和功能深入认识之后的主动引导和扶植，同时也是在经济全球化背景之下维护国家文化安全和应对国际文化市场挑战的迫切需要。中国文化产业的兴起和发展是客观需求和主观需要、国内背景和国际环境等多种因素综合作用的结果。

（一）经济发展的必然结果，文化消费的客观需求

中国经济快速发展，人们的生活水平日益提高，消费需求特别是文化消费需求快速增长是文化产业兴起的重要原因。20 世纪 80 年代之后，中国的社会主义市场经济体制不断完善，极大地促进了经济的发展。中国成为世界上经济增长速度最快的国家之一，取得了举世瞩目的经济发展成就。特别是在第一、第二产业稳步发展的基础上，第三产业也迅速发展起来并且占国民经济的比值越来越高，从而为文化产业的兴起奠定了必要的基础。

经济的快速发展使人民的生活水平日益提高，国内恩格尔系数①不断降低，人民的消费需求逐渐超越物质层面向多样化和高层次发展，特别是对文化产品和服务的消费需求快速增长。根据当代经济学家的研究，当人均GDP超过1000美元的时候，人们对一般的物质性消费开始下降，精神和文化支出开始上升，当人均GDP超过1500美元的时候，人们对精神生活质量和生活环境的要求大为提高，进入追求时尚和个性的需求阶段，为文化产业的发展带来了良好机遇。人们休闲时间的增多也在很大程度上使娱乐性和消费性的文化需求上升。日益增长的文化和精神需求是中国文化产业发展的机遇。为人民提供丰富多样的文化产品和服务是中国文化产业的责任。

（二）国家政策上的重视与扶持，体制改革的推动

在知识经济的时代，文化产业被称为21世纪的"朝阳产业"，具有高附加值、高技术含量和低能源消耗的优势，文化产业在创造巨大经济价值、带动社会整体提升的同时，还能够增强国家的文化软实力和国际竞争力。

一方面，随着党和国家对文化产业功能与价值的深入认识，文化产业逐渐受到重视，国家通过政策上的倾斜，引导和促进中国文化产业的兴起和发展。从文化产业概念的确立到文化产业司的设立，国家将发展文化产业提升为国家战略，相关政策不断完善，在引导、扶植文化产业发展的过程中发挥了极为重要的作用。

另一方面，中国文化体制改革逐渐深化，为文化产业的兴起和发展扫清了障碍。日渐完善的文化产业政策体系和逐步深入的文化体制改革理顺了文化产业和文化事业的关系，确立了文化企业的市场主体地位，规范了文化产业市场运作体系，解放了文化生产力和创造力，在我国文化产业兴起和发展中起到关键的保障和推动作用。

（三）技术革命的历史机遇，高新科技的有力支撑

科学和技术一直是推动文化产业进步和发展的有力工具，纵观世界文化产业的发展历史，印刷术、广播、电报、电影、电视、互联网等新技术的发明，都深刻地改变了文化产业的形态，并推动文化产业向前迈进一大步。按照法兰克福学派的文化工业批判理论，正是由于第二次工业革命之后，机械

---

① 恩格尔系数（Engel's Coefficient）是食品支出总额占个人消费支出总额的比重。

广泛应用于文化产品的复制才产生了文化工业。考察欧美和日本等地区和国家文化产业强大的原因我们发现，先进的科学技术在文化产业的发展中发挥了重要的支撑作用。信息科学技术尤其是数字和网络技术的快速发展，也是我国文化产业兴起的重要推动力。

（四）应对国际市场竞争，提高文化软实力的需要

进入 21 世纪，经济全球化已经成为必然趋势，世界性的市场已经形成。经济全球化所带来的文化商品的全球性流通，给各国的文化建设和文化产业带来了深刻的影响。特别是一些国家依托强大的文化产业，使附带其价值观和国家意识形态的文化商品广泛流通，对很多国家的文化主权安全和文化产业健康发展都造成了威胁。这使得大力发展文化产业、提高国家的文化软实力成为维护国家文化安全，应对国际文化市场竞争的客观需要

文化产业除了具有促进经济增长的功能之外，还具有意识形态导向、教育和审美、文化传播等功能，这使得文化产业在当今的国际竞争中，特别是文化软实力竞争中担当了特殊的角色。进入知识经济和信息时代后，国家的文化软实力变得异常重要。美国哈佛大学教授约瑟夫·奈指出，一个国家的综合国力既包括由经济、科技、军事实力等表现出来的硬实力，也包括以文化和意识形态吸引力体现出来的软实力。文化产业内容如传媒、影视等在世界上的地位与影响在很大程度上决定着一个国家的文化软实力，大力发展文化产业已成为公认的构建和增强国家文化软实力的重要举措。众所周知，"好莱坞"不仅是美国电影和美国文化产业的代名词，还是美国及其世界影响力的代名词，大量的好莱坞大片在世界范围内广泛流通，宣扬着美国的价值观和主流文化；日本的动漫不仅是其国家支柱产业，还成为日本外交的名片。这些文化产品及其影响力都是国家文化软实力的构成因素。面对强势文化的渗透，我们必须积极发展本国的文化产业，满足国内人民日益增长的多元文化需求，同时实施文化产业"走出去"，提高国家的文化软实力，维护国家文化安全。

二、文化产业及其发展模式的基本特性

"内容产业""比特经济"，这些都是文化产业的别称。抛开严谨与否的争论，这些称谓都揭示了文化产业的一种重要实质，即其产业主体是通过各

种载体来传播和表达的精神产品，即文化商品，这与其他传统的实体产业及实体商品有着本质的区别。文化商品是文化生产经营者通过市场交换，向文化消费者提供的精神文化产品或文化娱乐服务。文化产品可能具有一定的实物形态，但即使形态是实物的，其实质内容仍是观念的。也就是说，文化产品在价值上所传递的主要是精神的东西，只是部分文化产品需要附着在一定的物质载体上，就文化商品的本质内容来说并没有发生变化，依然是精神的东西。

（一）文化产业的无限生产能力

文化产业具有的无限生产能力并非一个绝对的概念，这只是与实体产业的生产模式相对而言。

从经济学的角度来说，资源的稀缺性是导致实体商品无法绝对满足市场需求的重要原因，也就是说没有足够的资源可以生产出足够的实体商品以实现按需分配的人类终极理想。但相当一部分文化产品在一定程度上并不受物质资源稀缺性问题的影响。比如书籍（这并不是指书籍本身，而是指其所承载的内容），在一本书诞生的过程中，所消耗的最重要的资源是人的智慧，而在一定程度上，这一资源是无限的，这也就在一定程度上意味着随着人类社会文明程度的不断加深，书籍的生产能力将会越来越强。至于数字化及互联网性质的文化产品更是明显地具有此类性质。当然，充足的原材料供给不一定就意味着能生产出大量的有效产品，但根据经济学一般原理，相对过剩的供给势必会导致文化商品市场价值的大幅降低。我们这里所要强调的是，文化产品无论是依附于原有资源（如各类自然、人文景观等）的再生品，还是作为人类理性思维的直接产物（如小说、散文、戏剧、诗歌等），均在相当程度上摆脱了生产中所面临的资源稀缺性限制，从而在理论上有着无限生产的可能。

（二）文化产业的无限复制能力

文化产业的无限性还体现在文化产品具有无限复制的能力。尤其是人类社会已经进入了数字时代，借助各类数字化产品，复制的手段变得相对简单，复制成本也大大降低。

即便是景观、建筑甚至音乐会、体育比赛等现场感较强且更具即时性的文化产品，也可通过各类 3D 设备以及声、光、电的配合在另一空间进行逼真的还原。3D 电影、3D 电视的独特效果使得观众进一步融入其中，感觉眼中所见似是触手可及，体会到了某种实质意义上的感同身受。当然，仅凭技术手段，也许我们永远无法达到对文化资源和文化产品 100% 完美复制的效果，但以此为途径使更多的受众能够更直接地体会其中的文化魅力应是我们努力的方向。

在科技的协助下，通过诸多有效载体，各类文化产品的无限复制能力——这既包括单纯的数量复制，也包括不受空间乃至时间限制的复制——达到了一个全新的高度。实体产业的发展是以产品工业化为基础的，文化产业的发展也是如此。从一定程度上说，文化产业就是使文化产品的生产与复制达到堪比乃至超越工业化生产的水平。[1]

第二节 体育产业与文化产业融合发展的基础理论

一、体育产业与文化产业融合的可行性分析

（一）体育产业是一个文化性较强的行业

体育产业中能够提供可以产生经济价值的精神产品的行业，例如体育竞赛表演业、体育休闲健身业等，其本质具有精神文化特征，因此，只有发掘体育产业的文化内涵，展示其文化特色，才能吸引更多的消费者。例如，改革开放几十年来，我国的体育竞赛业虽然有了长足的发展，但在足球、篮球、网球等国际市场化程度较高的、国外的一些品牌赛事上，比如欧洲五大足球联赛、美国职业篮球联赛、网球四大满贯赛事等一直占据着国内的主流市场，而国内至今未打造出一项具有较大影响力的国际品牌赛事。对于我国具有较强竞技实力的乒乓球、羽毛球等项目，至今也少有国际品牌赛事推出，甚至能够吸引国内观众的品牌赛事也较少。

纵观国际上有重大影响的赛事，除了本身竞技水平较高以外，丰富的文化内涵是其成功的重要法宝。文化的力量是品牌赛事的核心竞争力，正如奥林匹克运动之所以成为当代社会中人们普遍认可的一项伟大的社会运动，就

---

① 海梦楠.民族体育与文化产业融合发展 [M].长春：吉林人民出版社，2020.

在于它不仅仅为大家提供了激动人心的奥运赛事，更重要的在于它有明确的指导思想，即试图通过体育运动与教育、文化的结合促进人的和谐发展，进而维护人的尊严。奥林匹克运动不仅构成了现代社会所特有的体育文化景观，以其特有的文化魅力愉悦人们的身心，更以其强烈的人文精神催人奋进。文化产业除了可以为体育产业的发展提供相对独立的物态产品和服务产品外，还可以为体育产业的发展提供文化附加值，以文化内涵、文化构思、文化形象的方式渗透在体育产业中，它通过提高体育产品或服务本身的文化品位，增强体育产品在市场上的竞争力。

（二）体育产业的发展促进文化产业的发展

如今，体育节目已成为最受欢迎的电视节目之一，体育栏目已成为网络、报纸等媒体最受关注的栏目之一。媒体凭借体育带来的受众群体的扩展进行市场运作，特别是围绕赛事转播和赛事新闻报道的广告产业的发展，为传媒产业带来了巨额财富。体育还对电视、网络等传播技术的发展起着推动作用，不论是在电视的播映方面还是在电视画面技巧运用方面，如慢动作、定格、画面叠接技术，用专用摄影车、转播车、直升机和飞艇进行拍摄……所有这些性能和技法的产生发展，都有体育比赛的推动力，并不断提高转播的质量。网络为了与电视竞争，在体育赛事视频转播技术方面也进行了探索和革新。

体育可为文化产品制作或创作提供丰富多彩的素材。影视、文学创作、文艺表演可以从体育中汲取营养，寻找创作素材。随着体育事业的发展，人们不仅关注体育赛场的紧张激烈，也开始关注体育赛事背后的故事，关注运动员的事业、生活和爱情，关注他们顽强拼搏的精神。体育电影、体育电视剧、体育文学等以体育为素材的文艺作品逐渐丰富起来，受到广大体育爱好者的关注和喜爱。

（三）文化产业为体育产业的发展提供平台

文化产业中一些行业，例如出版、媒体、影视等可以为体育产业的发展提供平台，进而形成体育出版、体育媒体、体育影视等新的业态，扩大体育的影响，展示体育的精神文化价值，并为体育产业带来财源。特别是电视，由于其为体育提供了最佳的传播技术和途径，在众多新闻媒体中的优势越来越明显，已日渐成为推动体育产业发展的第一媒体。近年来，我国的电视媒体加大了对体育竞赛市场和体育休闲健身市场的宣传，大量引进国外优秀的体育比赛和娱乐节目，推动了体育竞赛表演和休闲健身市场的开放。

电视媒体已成为部分大型赛事最为重要的资金来源途径，成为体育向全世界发展并使之具有无限魅力的重要推动力之一，体育电视及相关领域已成为具有广阔开发前景和价值的产业部门。实际上这些新业态和体育的核心产业均具有两种不同特征——精神文化是其本质属性，体育是其外显功能，只是由于历史遗留和传统划分方法等原因使它们隶属于不同的管理部门而已，在行业渗透、学科交叉的今天，两者之间就更难分彼此。例如，在实践中，由于体育健身娱乐可供公众直接参与，推动了我国文化市场的多元化发展和健康繁荣，优化了公众闲暇时间的分配和精神生活的质量。

二、体育产业与文化产业融合机理与瓶颈

（一）体育产业与文化产业融合的机理

1. 核心行业具有产品形态和价值取向

新闻、出版、广播、电影、电视、文化、艺术等文化产业的核心行业及部分新兴的外围行业是以提供精神产品为基础的，通过这些精神产品的消费可以满足人们的精神文化需求，丰富人们的精神世界。符合社会主义核心价值体系建设要求的精神产品的大繁荣、大发展，可以大大提高全民族思想道德素质和科学文化素质，促进人的全面发展，增强国家文化软实力，为坚持和发展中国特色社会主义提供强大精神力量。

居于体育产业核心位置的体育竞赛表演业、体育休闲健身业等，可以为广大人民群众提供观赏性和体验性的精神产品。人们在消费这些体育产品时，可以带来精神上的享受，丰富人们的精神文化生活，这些行业的发展也可以为推进社会主义核心价值体系建设服务。居于文化产业和体育产业核心地位的行业都可以为人民群众提供精神文化产品，并具有相似的价值取向，成为两个产业融合的基础。

2. 体育产业和文化产业的产业共生

体育产业和文化产业存在竞争关系，同时也在局部产生相互促进、相互推动的产业效果，存在产业的共生现象。共生具有两个特点：一是"紧密工作"，二是因与对方的联系而导致繁荣，即产生"共生绩效"。

　　部分体育学学者对体育产业和文化产业的相互依赖、相互促进及产业共生关系进行了探讨。黄河认为，"体育产业发展不是一个孤立的、单一的发展过程，它是一个与产业结构中其他的产业，如政治、经济、文化等有着相互影响、相互促进、相互制约的发展过程"①。卢元镇、郭云鹏等指出，"体育产业的发展不能单靠自身，而必须与其相关联的产业同步发展"②。董金国认为，"体育产业能够带动与体育相关的文化（新闻电视、音像、出版等）、信息咨询服务等市场"③。周莹也认为体育产业对相关产业如旅游业、广告业等有带动作用④。吴周礼认为，"电视传媒业把体育竞技表演业作为投入品，对体育竞技表演业有着强劲的拉动作用；同时，体育竞技表演业的提升会反向推动体育电视传媒业产值的提高"⑤。体育产业中的体育竞赛表演业因为电视、网络等文化媒体机构的广泛传播而日益繁荣，而媒体业也因为体育竞赛表演业的繁荣而通过出售广告时段获益颇多。体育产业和文化产业在现代社会的联系愈发紧密，并因此而促进双方的繁荣，符合产业共生的特点。

　　3. 体育产业和文化产业的产业融合

　　进入 21 世纪，世界产业发展呈现了新的特点，主要是产业的集聚化、融合化和生态化。日本学者植草益 2001 年给"产业融合"下的定义是："产业融合就是通过技术革新和放宽限制来降低行业间的壁垒，加强行业企业间的竞争合作关系。"⑥ 对产业融合的研究最早是对信息通信领域的产业融合现象进行研究，后来又拓展到其他领域，如体育产业和文化产业的产业融合。

　　体育产业和文化产业并不是各自自我维持、独立运转的封闭系统，它们在相互促进、相互推动的产业共生基础上形成了产业融合的发展趋势。随着体育的经济功能不断被发掘，体育产业的发展逐步渗透到制造业以及传媒、培训、广告等服务业，从产品融合到组织融合再到市场融合不断加深。体育产业和电子游戏产业、媒体产业、旅游产业、博物馆业等的融合都属于体育产业和文化产业的融合范围。体育产业和文化产业的产业融合在增强双方产

---

①　黄河. 论广西体育产业发展对民族文化的影响 [J]. 广西民族大学学报：哲学社会科学版，2007，29（6）：4.

②　卢元镇，郭云鹏，费琪，等. 体育产业的基本理论问题研究 [J]. 体育学刊，2001（1）：4.

③　董金国. 论体育产业面临的机遇与挑战 [J]. 体育与科学，2001（2）：3.

④　周莹. 对提升我国体育文化产业竞争力的思考 [J]. 经济与社会发展，2008，6（6）：3.

⑤　吴周礼. 电视传媒对体育产业发展的影响 [J]. 体育文化导刊，2006（9）：2.

⑥　本刊编辑部. 数字视频产业边界消融 [J]. 卫星电视与宽带多媒体，2019（2）：1.

业竞争力、促进产业结构优化与升级等方面发挥了重要作用。

（二）体育产业与文化产业融合的瓶颈

1. 规制瓶颈

产业融合所引起的产业界限模糊或消失、产业边界发生变化，极大地影响着现行的政府规制体制与政策，因为这些规制体制和政策大多是在"产业分立"的背景下，产业边界相对明晰时所形成和实施的。在我国过去的规制体制下，文化产业和体育产业分属文化部门和体育部门，两个行业的规制政策也有很大的区别，比如在税收政策、行业准入、活动审批与管理等方面。产业融合是建立在全社会高度协调发展的基础之上的，文化产业和体育产业这种分立的规制体制非常不适应也不利于两个产业的融合发展，成为制约两者融合的瓶颈之一。

2. 内容瓶颈

体育产业和文化产业的融合发展最重要的还是内容与创意，是否有充足的创新价值、丰富文化内涵的品牌产品支撑，关系到产业融合的深度和广度。目前，国内还缺乏能够具有较强吸引力的品牌体育活动项目，突出表现在赛事开发方面，至今还少见"拳头"产品出现，多数职业赛事不仅竞技水平待提高，而且缺乏包装。虽然近年来，足球、篮球等项目在联赛管理与运作方面进行了某些改进，使得我国的职业赛事市场稍有起色，但总体上仍不温不火。在体育内容方面：一是文化产品创造缺乏有影响的、积极的体育内容支撑，例如现有为数不少的以体育为题材的文艺，以揭露体坛黑幕为噱头的文学作品，势必影响到体育正面文化价值的弘扬；二是文化产业平台如电视、报纸等，没有好的内容就难以吸引受众，自身难以维持，致使多个省、市的电视体育频道被撤掉，多家体育类报刊停刊。

3. 体育产业缺少自主品牌

体育产业在发展过程中未能形成自主品牌，制约着其发展，影响着其创新。现阶段，体育产业自主品牌较为欠缺，开发程度不足，仅有的 CBA 体育产业，作为核心的竞争品牌，在国内虽有一定的知名度，但在国际上却未能形成相应的影响力。国内体育产业的文化内涵不明确，主要是由于职业赛事的水平偏低，体育产业未能营造发展的氛围，缺乏必要的规范与有效的管理，从而其综合竞争力较弱，最终体育产业不能得到快速的发展，不具备规模性。

4. 传播平台资源不足

文化的传承和推广离不开媒体的推波助澜，体育产业中任何一项赛事的过程和结果都需要有效、可靠的信息渠道传播给大众，信息平台在赛事的传播方面扮演了绝对重要的角色，闭塞的新闻传播不仅不能够让大众及时了解赛事的开展状态，更延误了新闻的时效性和观众享受赛事体验的机会。目前，我国体育赛事的转播权大部分集中在央视体育频道，地方体育台由于技术手段、资金等方面的问题难以实现赛事转播，这种状况一是造成了很多急需扩大影响力的体育产品缺乏优质的传播平台，二是使得少量的传播平台以稀缺资源自居，以致体育产品在品牌塑造的过程中难以实现共赢。长此以往，地方大众了解和获取体育产品信息的渠道更封闭，很大程度上限制了体育品牌的推广，为体育产业和文化产业的联动发展蒙上了阴影。

5. 综合性人才缺乏

在体育产业与文化产业融合发展的过程中，需要大量高素质的人才，但目前体育产业与文化产业中相应的高素质人才欠缺，人才培养模式落后，不能满足发展的需求。在人才队伍中普遍存在不懂文化知识或不懂体育内容，专业的体育与文化人才、管理人才、策划人才等严重匮乏的现象，严重影响了体育产业与文化产业的融合发展。人才作为融合发展中最为关键的部分，它的有效利用才能为体育产业提供保证，提供动力，进而指导其合理化、科学化发展。同时，随着文化产业与体育产业的融合，其研究人员较为欠缺的短板更加突出。

第三节 体育产业与文化产业融合发展的主要路径

所谓体育产业是以竞技健身娱乐业为主，体育竞赛表演业、体育培训业、体育中介业、体育用品业等产业门类为辅，多业并举，经营项目比较齐备完整的产业体系。据估计，我国的体育及其相关产业规模发展潜力巨大。文化产业将转向以技术为平台，数字化为核心，从事互联网文化内容生产、流通和提供文化内容服务活动的经营性产业集合，游戏产业、视频业、资讯业、电视与电影业、出版、博客与 BBS 等都是文化产业的重要业态。将体育产业与文化产业这两个独立的个体整合到一个平台上来讨论，实际上主要源于两者存在的契合点——体育产业与文化产业在内容体系、产品特性、受众对象、管理体制、发展模式等方面相似。

文化产业为体育产业的发展搭建了桥梁，文化产业突破了时空限制，减少了传播的中间环节，以更迅速、更直接的方式满足大众的需求，并实现与体育受众的沟通，为体育产业与国际接轨起到了促进作用。实际上，长期以来，我们对体育产业的认识偏差，以及忽视市场消费人群的诉求，对体育文化理念的淡化和传播的失利，导致了我国体育人口增长缓慢、体育产业市场不稳、体育产业竞争力不强。于是，体育产业对体育受众的漠视和文化产业对网民的极度关注形成鲜明的反差。

在网络时代，文化产业的主体是互联网用户和移动网民。网络时代，网民的主体地位与作用无可比拟，文化产业各业态的变革与产品的创新都需要融入网民的需要和诉求；而体育产业的主体同样是活跃的个体，体育受众的需要和诉求也必然成为体育产业发展的动力与潜力。体育产业与文化产业之间的互动关系是核心和主流，区别与差异应淡化，体育产业未来的发展必然要建筑在与文化产业联动协同发展的平台上。所谓"联动发展"是以"和谐"为核心理念的综合性概念，不仅指体育元素与文化元素的联动、体育产业主体与文化产业主体的联动，更意指体育产业业态与文化产业业态间的联动融合以及其他诸要素的和谐发展。体育产业的发展正处在体育文化消费激增的新时期。体育产业发展与文化产业在战略定位、政策支持、发展模式、产业化程度等上存在的不平衡说明体育产业潜能未能全面释放，不仅不能满足体育文化消费爆发式增长的需求，也限制了体育文化市场空间的扩展，制约了体育产业的发展。因此，必须充分利用文化产业全面崛起提供的良好发展平台，发挥文化产业跨越时空因素全面整合的优势和综合利用体育资源、体育文化元素的集聚效能，最大限度地克服体育产业发展的障碍，推动体育产业产业化和市场化的进程。

体育与文化产业联动发展的关键在于，在遵循体育产业自身发展规律的基础上，挖掘和发挥两者的资源集聚和优势互补，推动文化产业的优势资源融入体育产业产品创新、模式创新与运营创新中，整合、搭建平台，拓展体育产业发展的空间和市场，全面激活体育产业生产力，实现体育产业做大、做强。

第四节　体育产业与文化产业融合发展的对策与建议

一、构建合作平台，需相互借鉴成功经验

随着体育产业与文化产业日益发展，并逐渐成熟，二者融合发展需要广阔的平台。文化产业的平台相对强大，要通过合作为体育产业提供合作平台，实现资源的共享，让体育产业逐渐步入主流的平台，进而对其进行有效的宣传与推广。体育产业发展过程中，要促进体育自主品牌的形成与推广，形成品牌效应，并不断创新具有时代特点的运动项目；要根据文化产业发展的经验，利用其发展的平台，进行宣传，逐渐提高品牌知名度。文化产业与体育产业可以在诸多项目上开展合作，打造个性化、独特化的产品，以满足人们的需求，带动体育产业的发展，促进文化产业的丰富。

在国内，无论是电视台，还是门户网站、报刊等，都是以平台为主吸纳创新内容。以体育赛事为主的体育传播业就是利用文化产业的平台传播优势整合体育赛事等内容资源，实现文化产业内容的创新与发展，因此，加强平台建设，除可以做大、做强文化产业自身外，也可以为整合包括体育在内的内容资源提供物质、技术基础和载体。

要积极引进国际知名的体育赛事和品牌体育娱乐活动，即借鉴国外经验，结合我国实际精心策划精品互动项目，提升体育产品的文化内涵，发挥体育产品在精神文明建设中的作用，推动体育与文艺、演艺、媒体、出版、民族文化节庆活动等的结合，打造有中国特色的健身娱乐产品和知名赛事品牌。通过体育产业核心层的发展带动整个体育产业的繁荣，并为文化产业特别是其中的"平台"提供优质的内容资源。

体育产业在发展中要积极借鉴文化产业发展中的成功经验，将文化产业改革与发展的理论应用到体育产业的发展中。当然，体育产业在发展过程中也有不少有价值的运作方式，如奥运会相关产业运作等，这些都值得文化产业借鉴。

二、建立协调机制，深化规制的体制改革

在市场经济的环境中，体育产业与文化产业的融合发展，需要健全的机

制，才能促进二者的协调发展，并为其营造良好的环境。管理部门应充分认识到深化规制体制改革是促进产业融合的动力，政府部门应适应体育产业和文化产业融合的要求，重新审视现有的规制体制和规制政策，建立有效促进产业融合发展的、具有前瞻性和科学性的规制体制，并制定相应的规制政策。

消除条块分割的行业壁垒，从产业融合的角度出发，建立新的协调机制。这种协调机制应由主管文化、宣传和体育事务的政府领导牵头，由发改委、文化、体育、宣传、广电、教育、旅游、财政、工商等部门负责人组成政策协调机构，以达到协调政策、资源共享、统一配置。这个协调机构要有敏锐的市场眼光，按照"政府主导、市场运作，企业主体、社会参与，群众受益、永续利用"的指导思想，把握文化与体育融合发展的总体战略部署。

加快立法建设，出台鼓励产业融合的政策，对积极探索产业融合的企业和个人进行支持。产业融合产生新业态后，建议按照融合前哪个产业的政策优惠，就执行该产业的政策的方式，消除产业融合的后顾之忧。

三、提升文化品位，走内涵式的发展道路

（一）加强体育非物质文化遗产和民俗的保护

在加强体育非物质文化遗产保护与传承的同时，充分发挥体育非物质遗产的经济功能，应根据时代特点和人们的消费需求，对体育非物质文化遗产项目进行必要的包装与改造，将其打造成特色鲜明的体育和文化品牌产品，以适应产业开发的需要。例如，可以选择娱乐性、趣味性、观赏性较强的体育非物质文化遗产项目和具有浓厚乡土气息的民俗体育项目，开发具有深厚文化底蕴的、富有民族特色和地方风情的体育文化旅游和体验活动，向体育爱好者和游客展示优秀的民俗、民间、民族体育文化，并邀请游客参与到体育活动中，亲身体验这些极具文化内涵的体育活动所带来的乐趣与感悟。

（二）策划丰富文化内涵的体育赛事以及活动

充分利用我国悠久的历史文化，多样而奇绝的自然环境，策划有深厚文化底蕴的赛事和活动，将这些赛事和活动办成体育精神和文化内涵相结合的节日。在赛事和活动举办的过程中，要充分重视文化元素的挖掘和展示，例如在举办城市马拉松赛事时，在不破坏文化古迹的前提下，可以将城市有特色的文化地标连接起来进行路线选择，并要考虑赛事的开放性，以吸纳更多

的公众参与。

(三) 开始建立职业赛事发展的良性文化环境

目前，我国体育产业发展存在的一个突出问题是职业赛事发展迟缓，甚至部分职业联赛发展还出现了日益萎缩的趋势。从一定意义上讲，一些职业赛事发展不好，除了产品本身质量不高和缺乏文化包装外，更重要的原因在于其发展过程中恶劣现象充斥着赛事而形成的不良文化环境。因此，用社会主义核心价值体系引领职业体育的文化建设，坚定中国特色社会主义共同理想，弘扬以爱国主义为核心的民族精神和以改革创新为核心的时代精神，树立和践行社会主义荣辱观，创设积极、健康的良性职业联赛发展文化环境，将流失的观众吸引到看台和电视机前，是促进职业联赛发展进而促进体育产业发展的关键。

(四) 重视民间"草根体育文化"的重要性质

"草根体育"已成为中国体育发展不可忽视的一部分。在"草根体育"中孕育着"草根体育文化"，这种文化是国人娱乐、竞技、团队、民主精神的一种平民表现，是一种休闲娱乐生活的态度，是一种最基本的拼搏精神。这种文化贴近大众，它也许很粗糙，但参与者很快乐，他们是在享受生活，享受体育带来的乐趣，可以说更接近于体育的本质。同时，这种"草根文化"也在用自己的朴素为构建社会主义核心价值体系做出贡献。"草根体育"蕴含的"草根文化"，吸引着众多体育爱好者的参与。虽然赛事本身基本是公益性质的，但可以带动相关消费，丰富人民群众的文化生活，增加体育人口，促进体育产业的发展。

(五) 加强体育产业与文化产业部门积极合作

文化产业部门有着较为雄厚的文化创意人才储备，体育产业部门可以委托他们进行文化包装、策划，提升文化品位。体育产业部门应充分利用广播、电影、电视、报刊、网络等媒体进行全民健身宣传教育，让群众更关心健身、关心体育人文价值，提高体育认识水平，使人民群众把体育运动当作一种自觉行为。建议体育部门加强与文化、宣传、广电等部门的联系，共同举办国际体育电影（电视）节、体育文学大赛、体育收藏（集邮）展、体育建筑文化节、体育服饰展等活动，并力争使这些活动成为定期举行的全国性或地方性活动，以宣传、弘扬体育精神。

四、实现产业创新，推动体育与文化融合

要实现体育产业与文化产业的融合发展创新，就要通过创新提高其竞争力，从而促进产业的持续发展。产业创新能够丰富其内容，增加其功能。二者的融合发展，可促进文化产业的创新与体育产业的创新，使其具有多样性、娱乐性与创新性。体育产业可以创新其产品，通过产品的多样性满足文化的需求，并通过丰富的、多样的内容使其更具娱乐精神。随着社会的发展，体育项目逐渐增多，不断创新的内容在人们的生活中逐渐出现并快速发展，如滑雪、瑜伽等，诸多的体育项目内容，不仅缓解了人们工作与学习的压力，同时带动了体育用品的发展与创新，随之体育产业也得到相应的发展。通过内容与形式的不断创新，逐渐增加市场占有率，进而实现体育产业的发展，促进文化产业的发展，最终保证二者的高效融合，为二者融合奠定坚实的基础。

应大力推动体育内容与文化平台的融合，发挥文化产业的平台优势，利用平台打造体育产业品牌影响力。例如，可以利用电视直观性强、画面清晰、即时转播的特点，扩大赛事活动和体育娱乐活动的影响力，打造品牌体育竞赛产品和体育娱乐产品。

推动体育元素与文艺创作的融合。文艺创作应关注体育事业的发展，从体育发展中汲取素材、提炼主题，以充沛的激情、生动的笔触、优美的旋律、感人的形象，讴歌体育精神，展示体育事业发展的成就，创作思想性、艺术性、观赏性相统一，人们喜闻乐见的、以体育为题材的优秀文艺作品。

五、不断培养复合型管理、创新型人才

综合型人才的匮乏是我国体育产业和文化产业联动发展的软肋，随着经济的发展和市场的不断完善，产业队伍的高标准化、高素质化、高效率化对人才提出了非常严格的要求。体育产业作为特殊新产业，需要的是大量从事体育工作的人才；而文化产业的发展需要的则是对文化深入了解的相关人才，二者所需求的社会人才在理论层面上几乎没有交集，所以这更成为亟待解决的问题。相关部门可以以体育产业和文化产业联动发展之职责成立联合发展中心或研究中心等职能机构，为二者联动发展的人才搭建一个可靠有保

障的平台。平台的意义在于广泛地交流和相互深入地学习，职能机构可通过培训学习来为复合型人才传授知识。大量的人才聚集势必会有利于营造出相互学习、互助互鉴的良好氛围。同时，职能平台还可以及时跟踪国内外文化产业发展和体育产业发展的最新动态，有效地策划二者相互融合的开发项目，为制定促进体育产业和文化产业融合发展的规制和决策做参考。

吸纳人才的政策必不可少，可通过多渠道的宣传和推广，让有识之士积极广泛地加入体育产业和文化产业的融合发展中来，让这些既懂体育产业又懂文化产业的复合型人才为二者的共同发展献计献策。

第四章　体育产业与养老产业的融合发展研究

近年来，中国人口老龄化问题日益严重，党和政府高度重视养老事业的发展，采取了一系列措施发展养老事业，以减轻人口老龄化带来的各种负担。尤其是将体育产业与养老产业进行结合，不仅有利于两者之间的互相促进与发展，也会对国民经济产生新的推动作用。

第一节　中国养老产业发展基础内容分析

一、养老产业概念、特征及影响因素

（一）养老产业的基本概念

1. 养老产业的含义

在一些欧美发达国家，"养老产业"这一概念的出处是寻不到的，主要因为西方国家的社会养老保障制度健全，体系完善，为老年人提供的服务种类丰富，因此只有"银发产业"的概念。"养老产业"是中国学者根据国情而提出来的。

在中国，最早研究养老产业的时间可追溯至 20 世纪 90 年代末。尽管学者都纷纷提出了关于养老产业的概念，但到目前为止对养老产业的定义还没有达成一致。有学者认为养老产业就是指为了满足老年人的消费需求，为其提供产品及服务的行业。这个观点有明显的不足之处，仅仅将老年人作为消费主体来考虑，却忽视了老年人自身的角色——劳动者。也有的学者在前者的观点上提出了自己的见解——老年人群体既是消费者，又是劳动者，持这一观点的专家认为养老产业必须要考虑到老年人群体的双重角色——既是消费者又是劳动者。另外，还有的学者指出那些认为老年人享受生活就是彻底

休息的观点是错误的，其实还有部分老年人仍在以充足的体力和精神服务着社会，国家提出的退休年龄延迟就是很好的证明。根据上述对养老产业的不同观点可知，在进行养老产业的研究中，一定要对老年人力资源利用的问题加以重视。

通过综合上述观点，本书认为养老产业就是为满足老年人群体物质和精神方面的需求，为其提供的由各种产品、服务及基础设施构成的产业链。养老产业是经济发展到一定程度的必然结果，它介于第一、第二、第三产业之间，属于综合性产业体系。目前，社会上出现的为老年人提供的产品、基础设施都属于养老产业。

根据养老产业的定义可知，养老产业是为了满足老年人的需求而提供的，因此养老产业的发展也必须与居民的购买力、产业结构调整等有紧密的关系。养老产业的稳定发展，不仅有利于减轻年轻一代的压力，还有利于满足老年人的精神和物质需求，促进产业结构的优化升级，有效促进社会发展。

2. 养老产业与养老事业

对养老产业和养老事业的概念区分多数学者容易混淆，主要是由于两者的关系造成的，因此本书将重点分析一下它们之间的异同。养老产业是经济发展到一定程度的必然结果，是产业化的经济活动；而养老事业则指为满足老年人的精神和物质需求而做的工作，如老年人工作的计划、内容和目标等。两者的相同之处在于都是为老年人提供服务的，都是为了满足老年人的需求。而两者的不同之处在于为老年人提供服务的主体不相同，根据市场调节作用，为老年人提供需求的是养老产业；根据当地相关政府部门的主导作用，为老年人提供需求的是养老事业。随着民间资本力量在市场调节机制中的作用越来越大，政府开始将民间资本引到养老产业，这样做有利于缓解老龄化带来的经济压力和负担。民间资本的注入及企业的投入为养老事业向养老产业过渡提供了契机。我国当前的养老产业与社会主义市场经济的发展方向是一致的，但随着我国经济的不断发展，人口的老龄化问题也越来越严重，由此带来的养老产业的资金短缺问题也日益突出。因此，未来政府在养老产业上的投入也会越来越多，相应地，养老产业的发展也将越来越重要。

3. 养老模式

养老模式受国家和地区的影响，国家和社区不同，它们的养老方式也就不同，根据这些养老方式制定的法律制度和方针政策也会随之不同，形成不同的养老模式。

根据养老的承担主体划分，主要有居家养老、机构养老和社区养老 3 种养老模式。

居家养老模式的主要承担主体是家庭，指老年人在家里接受家人对其生活和医疗护理上的照顾，这种养老模式在亚洲地区最为普遍。而机构养老模式的主要承担主体为社会机构，老年人住在由社会提供的养老院或者福利院中，由机构内的专业人员为其提供生活和医疗护理上的照顾。社区养老模式主要有两个方面的承担主体，老年人居住在家里，由城市中各个社区建立的养老护理服务中心中的人员上门为老年人提供生活和医疗护理上的照顾。

老年人选择什么样的养老模式主要受家庭经济和身体健康两个方面的影响。上述 3 种养老模式各有各的优点和缺点，第一种养老模式虽然可以与子女相处的时间长一些，经济成本低一些，但是却享受不到专业人士的服务，需要子女不辞辛苦地为自己服务，容易给子女带来压力；机构养老虽然可以享受到专业人员的照顾，但是却享受不到与子女长时间待在一起的待遇，不利于满足老年人对亲情的需求；社区养老可谓最好的选择，既可以与子女长时间地待在一起，也可以享受到社区提供的照顾，更有利于减小国家在养老机构上的投入。

（二）养老产业的特点

1. 综合性

养老产业涉及的领域既宽广又多样，是为老年人提供精神和物质需求的综合性的产业链。之所以说养老产业具有综合性，主要是因为其涉及了众多市场，横跨第一、第二、第三产业，包括的行业有数十个。养老产业链长，涉及领域广，为人们提供了就业，减轻了人们的压力，拉动了内部所需，促进了社会的快速发展。

2. 特殊性

养老产业所提供的商品和服务都是为老年人服务的，即面对的特殊群体就是老年人。养老产业中所涉及的商品和劳动虽然不全是为老年人提供的，但是养老产业的服务对象总而言之还是老年人，且要根据老年人的不同需要提供不同的精神和物质产品。

3. 微利性

养老产业作为社会公共服务的重要部分，在发展中具有微利性。正是这一特征决定了养老产业不可能成为人们谋取巨额利益的行业。养老行业相比其他行业来说，赚取的利润少之又少，但这不能说养老产业是无利可图的行业，更不能说其是福利行业。养老产业的微利性只说明了其并不以赚取更多利益为目的，而是一种为老年人提供服务的行业。养老产业赚取的利润较少，但从事养老产业的企业却牟取了较大的利益，这并非两者具有较强的矛盾性，而是因为资本的注入具有微利性，在长期的发展中才逐渐有了可观收入。

(三) 养老产业发展的影响因素

1. 传统观点的影响

由于老年人受传统经济发展的制约，没有较强的消费观念，在对待子女的问题上比较看重子女的言与行，对自身经验的积累却不那么重视。老年人的消费观念是长期形成的，因此在短时间内他们的消费观念很难发生改变。另外，由于传统观点的影响，认为养老产业属于非营利性组织，无利可图，这阻碍了养老产业的发展和社会化进程。这种根深蒂固的片面认识导致了讨论养老产业是否营利成为目前最受争议的话题。最后，受传统观念的影响，老年人常常将辛苦积攒下来的钱为子女存下来，这种观念阻碍了社会产业化的进程。

2. 养老产品、养老服务质量差

近年来，老年人对养老产品、养老服务质量差的呼声越来越激烈，这些问题降低了老年人对养老产业的信心，使其失去了选择养老模式照顾自身的兴趣。因此，养老产业人员的整体素质及养老产品质量的好坏都是影响养老产业发展的重要因素。

3. 缺乏产业扶持政策

由于养老产业耗资巨大，工期较长，而且养老产业营利低，资金回收期长，因此制定相应的产业扶持政策是相关部门亟待解决的重点任务。

二、发展养老产业的理论基础

(一) 马斯洛需求层次理论

马斯洛需求层次理论是美国心理学家亚伯拉罕·马斯洛于 1943 年提出的。马斯洛将人的需求分为五大层次，分别有生理需求（physiological needs）、安全

需求（safety needs）、社交需求（belongingness and love needs）、尊重需求（esteem needs）及自我实现需求（self-actualization needs）。这 5 个层次是根据人的需求高低来划分的。其实，马斯洛在划分自我实现需求的时候，还提出一个需求——自我超越需求，由于其也是人的自我实现的需求，因此将两者合并在一起，统称为"自我实现需求"。根据马斯洛划分的 5 个层次，我们可以看出其是按照人对食物、安全、爱和获得尊重的需要依次划分的。其中，对食物的需求之所以位于第一，是因为人生下来就需要填饱肚子，填饱了肚子之后才能追求其他的需要。马斯洛的需求层次论运用到养老产业领域，可以这样分析：在生理需求方面，老年人必须要满足对衣食住行的需求；在安全需求方面，由于老年人的年龄特点，因此其相比年轻人更需要得到安全感；在社交需求方面，老年人不仅希望得到来自周围人的关心和爱护，还需要子女的照顾和爱；在尊重需求方面，根据老年人的年龄来讲，其由于受到传统观念的影响，因此他们的观念与年轻人存在着更大的差别，这时老年人就更需要得到年轻人的尊重；在自我实现方面，简单地说就是老年人不服老、不认老的心理，有的老年人即使退休了，也不愿长期待在家里，仍希望利用自己的一分光和一分热服务社会，为社会贡献更多的力量。有的老年人在自身条件的允许下，还希望自己有一分热，发一分光，积极参与社会活动，从而满足自我实现的需求，完成自己的人生价值。更有老年人自己投入到社会实践中，满足自身对文化的不同需求。

（二）代际伦理关系理论

代际关系从字面上理解就是指一代与另一代人之间的人际关系。在日常生活中听到最多的代际问题集中在年轻人和老年人之间。年轻人和老年人经常会出现代沟，这些代沟的形成多与他们的生理、心理及社会经验有关。年轻人与老年人之间的代际关系有时候是整合、融洽的，有时候是分离、矛盾的。代际关系理论的提出是养老产业发展的重要理论依据。代际关系产生最多的空间领域，是家庭。代际关系的产生多遵循一条基本规律——交际交换。

何谓交际交换？用生活化的语言解释就是父母为子女提供一定的经济支持和生活照顾，而子女则将情感和爱给予父母。两个方面的交际交换中难免会存在失衡的状态，由此就会相应地带来代际矛盾。

代际矛盾又可以称为代沟，代沟的形成往往与人的生理、心理、思维方式及行为习惯的不同有关。心理学家的理论证明，人从出生到死亡这一段时间中，10岁之前对父母无限地崇拜，10~20岁对父母持反抗和抵触的态度；50岁之后开始站在父母的立场考虑问题，体会他们的思维方式。通过心理学家的研究说明，可以明显看出最容易产生代际关系的年龄阶段在10~20岁。

代际冲突并非不好，事实上代际冲突的利大于弊。主要表现：代际冲突只是人与人思维方式的不同而已，对社会发展具有推动作用。代际冲突的发生是时代发展的必然结果，不论是亲生子女还是非亲生子女都会与父母产生代际冲突。时代越发展，代际冲突就越强烈。在不同时代生活的人，他们的思维方式和行为模式都会存在着巨大差异，又因为受生活环境的影响，他们的生活习惯也会迥然不同。有时候即使子女与父母遇到相同的经历，但他们的处理方式还会有明显的不同①。这些都是父母在长期的生活中不断形成的思维方式和行为方式，随着年龄的不断增长，这些行为和思维也会发生相应的改变，因此面对代际冲突问题时，作为子女一定要理解和尊重父母。因为，随着时间的推移，子女也会遭遇跟父母同样的事情，到时候可能会面临"子欲养而亲不待"的状况，这就是代际冲突带来的重要影响。代际冲突并不是无法避免的，只要父母与子女在遇到不同问题时及时沟通，就会有效避免代际冲突的发生。另外，在交流的过程中，还要注意说话的语气，从而使双方对话能够顺利完成，真正达到相互交际的目的。

在经济发达的欧美国家，由于经济发展水平较高，社会保障体系完善，因此老年人基本上都热衷于社会机构和社区养老模式。而对于发展中国家而言，由于经济发展水平低，社会保障体系尚需进一步完善，因此很难依赖于社会化的养老模式，只能选择家庭化的养老模式。但随着全球经济的快速发展，城市化进程的不断加快，家庭养老模式的地位日渐衰弱，社会化养老模式地位日渐提高。具体到中国现阶段的养老模式可以发现，老年人还比较喜欢家庭的养老模式，社会化养老模式仍无法代替家庭养老模式的地位。究其背后的原因，一方面，由于我国传统家庭观念的影响，人们非常注重与家人之间的相处，崇尚子女养老的观念；另一方面，我国的经济水平相比发达国家相对落后，社会机构的发展尚无法承担养老的重任。根据代际伦理关系理论可知，以后中国养老模式的选取一定与其有直接的联系。

---

① 张震. 家庭代际支持对中国高龄老人死亡率的影响研究 [J]. 人口研究, 2002, 26 (5): 8.

目前，我国的经济发展处于关键时期。由代际伦理方面引起的问题逐年增加，要想顺利解决这一问题，就需要人们站在代际维度层面对其问题进行深入的剖析。

代际关系理论的发展为代际伦理学的发展提供了理论支持，一方面有利于完善伦理学相关的知识，为伦理学的发展创造条件；另一方面，有助于构建符合我国伦理道德发展的制度，开展道德教育课，教育子女尊重父母。另外，开展道德教育代际沟通有利于强化社会群体的道德素质，使其道德行为符合社会要求。

（三）持续照顾理论

持续照顾理论的提出最早可追溯到 20 世纪 90 年代，由于当时养老结构和服务项目之间不能有效结合，而且还不能为逐渐失去自理能力的老年人提供服务，持续照顾理论应运而生。持续照顾理论认为养老机构要随时随地为老年人提供全方位的照顾，并要根据老年人的不同需求提供相应的服务，从而使老年人感受到专业的服务。这一过程也是养老机构不断追求养老服务更加持续性和综合性的具体表现。

持续照顾理论相比前两种理论的本质区别在于，这个理论是站在老年人的立场上考虑的，其要求养老模式要能够为老年人提供全方位的服务，而且要保证老年人居住的环境是优雅的，能够促进老年人得到细致、全面服务。

持续照顾理论得到了学者的普遍认同，由此各个国家也依据这一理论开始发展养老产业，在此理论指导下专门对老年群体的服务资源等予以整合，进而构建起了一个相互联系的有机整体。这个有机整体不仅可以确保老年人在这个机构中能够获得全方位的照顾，而且还能根据老年人的身体健康状况为老年人制定全面的、针对性的、细致的、稳定的养老制度。① 持续照顾理论在发达国家已经初见成效，部分地区已经构建起了以持续照顾理论为依据的养老服务体系。而且这些服务体系还根据老年人的不同需求为其提供了针对性的帮助。这样的社会服务体系不仅实现了对老年人实施全方位服务的功能，而且养老体系之内的设施也可以根据老年人的不同需要进行转

---

① 杨建军，汤婧婕，汤燕. 基于"持续照顾"理念的养老模式和养老设施规划 [J]. 城市规划，2012（5）：8.

换，从而为老年人不时地获取服务提供了保障。

对依据持续照顾理论构建的养老产业机构应具有的基本功能的问题研究较成熟的地区要数我国的香港了。根据香港颁布的《安老院规例》规定，养老机构主要包括四类：长者宿舍、安老院、护理安老院及护养院。长者宿舍为能够照顾自己的老人提供群体住宿及活动。安老院为老人提供住宿、膳食和有限度的起居照顾。护理安老院为健康欠佳或伤残中度精神残障，日常起居活动需要照顾之老人提供住宿及有限度的护理服务。护养院则为身体机能缺损程度较高之老人提供住宿护理服务。正因为老年人需要照顾的程度不同，养老院提供的养老服务方式也有所区别，这种区别主要体现在配备的人员和设施设备上。对于老年人的护理需要细心和耐心，养老机构的服务就要在这些方面提供全方位的监督，使在养老机构的老年人能够住得安心和舒心。

在养老体系中，持续照顾理念提出来之后就受到广泛关注，在世界范围内，很多国家都将这一理念结合本国现实应用到养老体系中，在对老年人的养老服务中，完善各种设施，对养老体系的建设进一步规范，形成一套适合自己国家国情，并且能够真正地为老年人服务的体系。在养老服务中，根据老年人口的实际情况，进一步细分各项设施和服务。同时，还可以灵活调整和改变这些机制，满足不同时期老年人的特殊需求，从而使养老服务能够更好地进行下去，使老年人的养老得到优质的保障。基于可持续发展的理念，许多国家正在逐步探索和发展新的养老服务模式，这种养老模式能够为老年人提供全方位的服务，一直到人的生命终点，这就是长期护理制度（LTC）模式。这个模式在一些经济发达的国家正在兴起，他们逐渐建立完善的长期养老服务体系，为老年人的终生养老服务提供健全的制度保障。根据持续照顾的理念，建立3种不同的养老模式，分别为机构养老、社区养老及居家养老，更加全面地涵盖了不同养老服务。按照老年人的需求，给老年人安排适合的养老方式，使老年人老有所依、老有所养。

（四）产业链理论

产业链理论属于产业经济学范畴，这是一个更加广泛、宏观的概念。产业链是从产业之间的经济关系、逻辑关系中产生的一种链条式经济形态。形成一个产业链，能够在一定程度上保证产业之间的经济关系有序进行。在产业链中有很多产品交换、信息反馈和价值交换，充分体现了产业间的紧密联系。我国的经济发展较晚，在 20 世纪 90 年代的时候开始形成产业链。在产业链中，相互之间具有联系的产业形成的产业系统可以更加稳定地应对市场变化，对上下游企业之间的供求关系，也反映了行业内企业提供的产品与服务之间的协作关系。在产业发展过程中，将产业之间的合作形成合理、高效、稳定的产业链，对减少资本的浪费、人才的流动、技术的共享具有很大的好处，更能使整个产业向良性发展的方向不断迈进。

对养老产业链来说，这是惠及大众的事情，这个产业链包括了第一、第二、第三产业，这涉及人们生活的方方面面，从生产、经营到服务是一个有紧密联系的产业链条，从更大程度上保证了养老产业的健康发展。

养老产业链的核心应该是为老年人提供养老服务，满足老年人的物质和精神需求。养老服务涵盖多个范畴，包括日常照顾和医疗援助服务，以满足老年人的基本需要；除了物质上的服务之外，养老产业链还对老年人的精神健康十分重视，定期为老人提供心理辅导服务，以了解他们的心理状态，满足他们的心理需要；在老年人的休闲娱乐方面，提供丰富的文化及娱乐活动，以及为长者提供旅游及保险金融服务。在养老产业链逐渐健全的时候，会有更细的产业分工，不仅体现在养老产业中，而且体现在养老支持产业中。产业链的完善能够基本满足老年人的养老需求。养老产业链的形成还对其他行业的发展具有一定的促进作用。

随着养老产业链条的完善，养老产业必将辐射各行各业，成为我国重要的经济增长点。

三、我国养老产业发展现状与展望

（一）养老产业发展现状与发展趋势

1. 我国养老产业发展现状

我国养老产业发展尚处于起步阶段，养老服务主要由政府提供，主要表现为"居家养老为基础、社区养老为依托、机构养老为补充、医养结合"的多层次养老服务体系。但养老服务机构主要以政府公办的各级敬老院（养老院）兜底为主，且养老服务机构规模小、服务模式单一、医养结合发展不充分，远不能满足人们的社会化养老需求。近年来，我国逐步放开养老服务市场，扩大社会力量参与养老服务供给。2019 年，我国社会力量举办的养老服务机构超 50%，提供养老床位近 40%，养老服务供给主体由政府主导型向政府和社会共同发展养老服务转变。截至 2019 年 6 月底，我国养老机构达 2.99 万个，社区养老服务设施达 14.3 万个，随着养老服务基础设施建设的加强，养老床位供应情况将得到改善。据全国老龄办数据显示，2030 年中国老年产业规模将达到 22 万亿元，对 GDP 的拉动达到 8%，将成为我国名副其实的经济支柱产业。但普遍性的人才缺乏限制整个行业的发展。以养老产业为例，2019 年我国有养老护理从业人员 30 万，老年人口 2.49 亿，其中有 4000 万属于失能半失能老人，按照完全失能人口 1∶3 的照护比计，我国养老护理人才缺口规模达 500 万人之巨，为扩大养老护理员队伍，2019 年版《养老护理员国家职业技能标准》将养老护理员从业标准由"初中毕业"调整为"无学历要求"。①

随着老年人口快速增长，对养老机构的需求加大。截至 2021 年底，全国共有各类养老机构和设施 35.8 万个，较上年增加 2.9 万个，同比增长 8.81%。2017—2021 年全国共有各类养老机构和设施数及增速，如图 4-1 所示。②

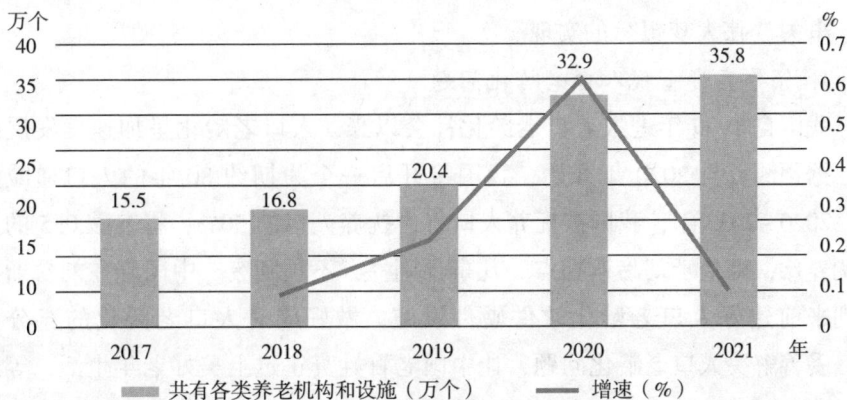

图 4-1　2017—2021 年全国共有各类养老机构和设施数及增速

2. 我国养老产业发展趋势

基于我国庞大的老龄人口规模和较快的经济发展速度，养老产业发展潜

---

① 王冠九，韩远明，袁松. 我国养老产业发展现状与展望 [J]. 产业与科技论坛，2020, 19 (11)：11-12.

② 资料来源：2022 年中国养老机构发展概况分析：共有各类养老机构和设施 35.8 万个。https：//www.bilibili.com/read/cv21181127

力大、前景好。一是我国老龄人口规模巨大。据联合国测算，我国老龄人口规模庞大，我国 65 岁及以上人口将在 2060 年达到 4.2 亿人的峰值。统计数据显示，2018 年末，我国 60 岁及以上人口 2.4949 亿人，在总人口中占比 17.9%，远高于国际人口老龄化标准 60 岁以上老龄人口占总人口 10% 的标准。据预测，2050 年我国 60 岁以上的人口总数将达 5.2 亿人，在总人口中的占比将达史无前例的 35%，并将长期保持 4 亿人以上的规模，成为世界上超级老龄化国家。众所周知，2050 年是中华民族伟大复兴的重要节点，如果我国没有健全完备的养老服务体系和强大的养老服务产业，届时，如何保障中华民族以健康的姿态自立于世界。二是有消费能力的人变老。我国庞大的中产阶层群体开始步入老龄化，对高质量康养需求巨大。中产阶层群体对高质量康养生活的追求，将为养老产业带来巨大的增量蛋糕。

（二）发展养老产业是现阶段重要决策

我国历来有尊老、爱老、孝老的传统。发展养老产业，积极应对人口老龄化危机，让老人们健康快乐地生活、优雅地老去，事关老人们的幸福生活，事关"伟大梦想"的实现。

1. 领导高度重视人口老龄化问题

我国自 1999 年进入人口老龄化社会以来，人口老龄化呈加速度发展趋势。据预测，自 2020 年开始，我国将开启一个为期约 80 年的人口递减周期，2020~2033 年，我国被抚养人口将占抚养人口的 50%，将突破 0.5 的人口抚养比，即处于刘易斯拐点。凡事预则立，不预则废。中国赶在刘易斯拐点到来前建好人口老龄化软件硬件设施，做好应对人口老龄化的充分准备，妥善解决人口老龄化问题，让中国老百姓真正过上美好老年生活，等到 2055 年，我国人口总抚养比将升至史无前例的 0.7，甚至是 2082 年的 0.78，我国也能够从容应对。

2. 政府出台老年人健康健身政策

为积极应对人口老龄化问题，党和政府出台系列政策对养老服务产业进行顶层设计和扶持发展，制定出台《"健康中国 2030"规划纲要》，在"十四五"规划中将老年人健身公共服务水平以及健身健康进行深度融合。落实《全民健身计划（2021—2025 年）》，构建体制机制更灵活、要素支撑更强大、资源分布更均衡、健身设施更便捷、赛事活动更丰富、体育组织更健全、健身指导更科学、群众参与更广泛的全民健身公共服务体系。开展老年人非医疗健康干预，支持社会力量参与新建社区老年人运动与健康服务中心，提供有针对性的运动健身方案或运动指导服务。① 党的二十大报告提出，深入贯彻以人民为中心的发展思想，在幼有所育、学有所教、劳有所得、病有所医、老有所养、住有所居、弱有所扶上持续用力，人民生活全方位改善。完善基本养老保险全国统筹制度，发展多层次、多支柱养老保险体系。扩大社会保险覆盖面，健全基本养老、基本医疗保险筹资和待遇调整机制，推动基本医疗保险、失业保险、工伤保险省级统筹。实施积极应对人口老龄化国家战略，发展养老事业和养老产业，优化孤寡老人服务，推动实现全体老年人享有基本养老服务。②

（三）养老产业或成经济发展新机遇

养老产业经济本质上属于绿色经济发展范畴，在我国尚属新兴产业，我国的一些资源禀赋良好地区，可以通过探索发展养老产业的不同业态和模式来释放自身发展的潜力和发展空间。养老产业被认为是可以轻松实现远距离异地供给的产业，后发展地区可立足自身资源禀赋优势，提前布局谋划养老产业发展，充分利用后发优势，补齐养老产业发展所需的软硬件基础设施、加大养老人才对外培养力度、优化营商环境、制定行业标准、大力推进产教融合发展，不断降低制度性交易成本，承接区域养老服务转移需求，努力化我国人口老龄化之"危"为本地区发展之"机"，进而突破发展瓶颈，释放发展潜力和发展空间，后发赶超，在实现自身发展的同时为化解我国人口老龄化危机、助力健康中国建设作出应有的贡献。③

---

① 资料来源：国家体育总局——"十四五"体育发展规划。https：//www. sport. gov. cn/n315/n330/c23655706/content. html.

② 资料来源：中华人民共和国中央人民政府——中国共产党第二十次全国代表大会报告。ht-tp：//www. gov. cn/xinwen/2022-10/25/content_5721685. htm.

③ 王拱彪. 贵州体育与养老产业融合发展研究［M］. 北京：科学技术文献出版社，2019.

第二节 体育产业与养老产业融合发展的理论基础

一、产业融合的实质

（一）产业的形成及其实质分析

1. 产业的形成和产业的传统概念

所谓产业，从其产生到形成，再到活动与演化，可以说是一种有着清晰历史发展脉络的真实体现。在大约一万年前，人类开始发展的初期阶段，人类主要依赖的是采集与狩猎，那时的人类并没有产业活动，但逐渐地人类社会开始发展，人类逐渐开始饲养动物并有意识地进行放牧，与此同时还对植物进行栽培，逐渐发展定居农业，农业成为古代社会中决定性的生产部门。随后，伴随着人类文明的不断发展，人类生产力不断发展，剩余产品也逐渐增多，因此，从最初的畜牧业开始，人类将其逐渐从农业中剥离出来，然后又从农业当中逐渐将手工业分离，如此分工在人类社会中相继出现多次，最后是从农业与手工业中将商业分离出来，最终形成了专门的商人阶层。

由于人类历史上的三次社会分工，逐渐形成了农业与手工业及商业三大产业。直到 18 世纪末期工业革命的兴起，社会经济才被机器这一大工业占据主导地位，但由于很多手工业进行分工并逐渐发展，继而形成了工业。由此可见，社会分工发展取决于产业部分的分工与形成，在产业与分工之间无疑存在着一定的联系。因此，通常社会分工可以被划分为 3 种形式，包括一般分工、特殊分工与个别分工。前者指的就是农业、工业与商业三次社会大分工；而后两者，随着社会化生产的发展脚步，由于社会分工不断被深化，故而导致后两者划分越来越细，如此一来，将不断促进产业部门被分化并不断增生。对于前者而言，这些生产大类又可以分为各种具体的工业部门和工场内部的分工，即特殊分工与个别分工。总之，分工的发展程度如何直接影响着产业数目的多少。这里所指的产业是某种共同特性的企业所组成的集合，是人们观念与思辨的产物。所谓集合，与单个企业相比，尽管是现实的但并非看得见的，其是存在一定的抽象性，很难为人所观察与测度。在现代西方经济学当中，原本是没有"产业"地位的，但为了尽量弥补微观经济学与宏观经济学在产业问题上的欠缺，即便是没有构建产业这一概念体系的特殊必要性，由于其研究的对象是特定企业的集合，产业经济学仍旧应运而生，继而产生产业。

所谓集合，其本身就可以被视为一个模糊的概念，无论是从不同研究目的出发，还是从不同角度着手，特定企业的集合究竟是一个怎样的集合，又以怎样的标准来划分这些不同企业产业的归属等诸多问题，都可以通过这些研究逐一解答。倘若根据产业的层次性或阶段性来划分产业，其不仅可以从同一商品市场来进行，还可以从技术与工艺的相似性，或者是以经济活动的阶段为主要着手点。此外，通过对产业组织现状进行分析，在划分不同企业产业归属的时候，不仅可以从同一产业市场上企业间的垄断与竞争态势着手，还可以通过其特性来进行划分，即生产同类或与之存在密切关系且能替代的产品或服务。一般情况下，所谓的产业与市场在某种意义上属于同义语，也就是说要构成一个产业，其必须立志于同一市场生产同类产品的企业。不仅如此，在同一市场上所展开的竞争，甚至是其所追求的最大利益目标，往往是源自同一产业内的各个企业。这是因为，只有以生产同一或同类，甚至是有着一定联系、替代关系的产品或服务的企业集合成的产业作为研究对象，才能促进彼此之间的竞争，乃至于形成垄断关系，才能进一步进行竞争与垄断态势研究，才能获得相关的市场结构与市场行为，以及对市场绩效的分析结果。即便是这样，产业仍旧是以生产为主，从供给方面一步步进行解决，其是一个必须从需求角度着手分析并了解的概念。也正因为如此，在划分不同企业产业归属标准的时候，由于产业中整个产业结构的地位与作用，其完全取决于如何选择，只有选择使用相同原材料或相同生产技术与工艺，才能准确分析出社会再生产过程中各大部门之间的均衡状态需求；才能确保各具体行业之间的均衡状态需求；才能保证各中间产品之间的均衡状态。因此，特定的生产技术与要素投入，甚至是特定产业，其从根本上是相互对应的，决定着这一产业是否能与上下游产业之间存在投入产出关系。

综上所述，尽管生产通常是从最初对产品功能与用途来进行划分，是根据产品自身特性来划分，但由于其本身只不过被定义为一个需求角度，因而只针对下游厂商或消费者，无论是从其用途而言，还是以其特性来讲亦是如此。倘若从另一个角度去审视，其通常是第一供给角度的一个定义，一般着手于产品的生产方面，其不仅具有相同的原材料，同时还具有相同的生产技术与生产工艺，甚至拥有相同的生产过程，或者可以说是一个企业集。显而易见，以上两个层面共同构成了产业的基本内涵，两者之间各有自身的侧重点，但又互相补充。换句话讲，能被称得上是同一产业的，首先在生产上就用于相同或相似的技术企业集合，不仅如此，那些产品还必须在尽可能满足相同需求的前提下，或者说在满足类似需求的情况下，才能得以实现。

2. 产业的实质分析

倘若从供给角度去分析，一套特定的资产体系，必然是在某一经济活动完成的基础上继而产生的，也就是说一套特定的资产体系就是所谓的产业的实质。从某种意义上讲，这里所谓的资产体系，关键在于资产具体所包含的部分与各个部分资产之间的比例，其不仅包括特定生产技术与工艺流程，还有相关专利知识，相应的原材料与设备，甚至是中间产品与劳动力，以及高级管理人员与工程技术人员等诸多方面。产业指的是资产体系，而绝非资产的总数量或规模，因此，一套特定的资产体系即可被视为一个产业。此外，在一个产业当中这些企业资产内容与结构，通常都是大致相同或相似的，同样都具有同类企业的结合。

实物资产、金融资产与知识资产是任何产业中最重要的三大资产组成部分。而通常无论是针对产业而言，还是针对企业的资产体系而言，主要包括固定资产与流动资产，金融资产与无形资产，还有人力资本几个主要内容。首先，所谓实物资产，其资产结构在不同产业中所占比例也各有不同，通常包括固定资产与流动资产，前者主要指的是一些建筑物或构建物；而后者则指的是一些半成品与已购入的原材料，主要是为了连续生产所提供的必需品，是不可或缺的一部分。其次，所谓的知识资产即智力资产，主要包括人力资本与无形资产，后者指的是各种核心技术，或者是商业模式，也可能是专利或商标等，而前者不仅包含企业家，还有专业技术人员及管理人员等几个重要组成部分，在某种程度上，其某些部分与后者的某些部分相互重叠。最后是金融资产，主要指的是货币。通常在金融行业中，金融资产占据着至关重要的位置；相对而言，在传统制造业中实物资产占比相对较大，但是在总资产中实物资产占比会相对较小。另外，在如今高科技产业中，知识资产则更加重要，尤其是对轻资产投资项目来说更是如此。

对资产体系而言，与其他任何一个产业相比，其划分方法都大致相同，同样都是以不同的或者是相似的数据作为主要衡量依据，因此，对产业的划分也会直接受其所影响。倘若在对产业划分时过于严格，那么产业数目就会相对较多，划分的产业也会相对更加细致；反之，划分出来的产业数目就会相对较少，所划分的产业也会相对较粗。在对产业进行划分的时候，要选择严格遵守"不同"去进行，还是对"不同"划分选择从宽的标准，都必须根据分析目的而定。值得一提的是，在划分产业之时，必须始终根据统一划分标准进行划分，在分析各个产业间关系动态变化的情况下，再进一步进行划分。由于现实经济活动必然会有一定的变化，因此，在划分之时必须确定明确的产业边界，根据一定的划分尺度再进行，尽可能避免由于现实变化造成产业边界不清晰的现象发生，只有这样才能确保产业间发生关系的变化明确。

综上所述，任何一个产业在进行划分的时候，都与产业划分的粗细有着密切的联系，无论是针对产业间的分工，还是针对专业化的程度。由于在各个产业当中，划分通常带有一定的主观性，但往往对于每一个产业而言，划分得越粗，在产业之间的分工水平就相对降低，同样其专业化程度也越低。因此，由于产业划分可粗可细，在产业间分工或产业内分工并不是绝对精准的衡量。当对产业的划分发生改变时，不仅是产业分工，甚至是其专业化程度都会随之而改变。由此可见，对这种分析模式下的产业与产业变化而言，这只不过是一个抽象的定义，并不能代表可以确定一个产业的具体范围，其只是一种一般性的分析而已。通常无论是对产业边界的变化也好，还是对产业分工水平的分析也罢，其并不是在特定产业的具体范围与变化中产生的，都必须建立在抽象产业定义的基础上才能将其实现。可以说对产业边界与产业分工的变化与分析，都与产业的定义与分类标准有着直接的联系，可以说是一种抽象分析法。进行划分之前必须首先确定一个分类标准，然后在一定时期之内保持不变，并实时对产业边界的变化进行相应的考察，继而通过实际经济生活确定边界模糊或融合现象的发生。如此一来，不仅要建立新的分离体系，还必须在原有的产业分类标准之下进行修订，并通过这种方式直观地观察到产业融合的发生过程。

（二）产业融合的实质

所谓融合最早源于科学领域，对应的英文单词即 convergence。在早期，美国传统词典中，甚至是现代英汉综合词典中都有对 convergence 的解释，主要是指会聚或汇合点。但在数学中，就 convergence 一词的解释则是接近某一极限的性质或方式。convergence 不管是在中文中，还是在英文中，都有多个义项。

尽管如此，融合一词在特定意义上其含义都会相对一致，主要指的是将不同的两个或多个事物汇合为一体，如技术融合或产业融合。倘若从分工的角度去分析融合一词，其指的是原本由两个或多个人或者是两个或多个组织共同完成的事情，现在却需要一个人或一个组织去完成。因此，所谓的产业融合，通常是指产业内分工的一个过程或结果，是产业间分工内部化的转换，换句话讲即对产业间分工的转变。

究其理论而言，产业融合就是产业间分工实现内部化。

首先，将产业间原本不同的产业对应不同的资产体系，在这些体系之间不仅能实现兼容，也可以通用。

其次，是将原本单一的经营逐渐转变为融合意义上的多元经营，或者说是不同产业之间的分工发生模糊。但往往原有的产业是产业中的大多数企业，也可能会是具有较大产业影响力的代表性企业，当对原本不同产业的企业进行分工时，这些企业就会逐渐趋于融合，继而不断拓展自己另一方产业的经营范围，此时这些产业的专业化程度也会随之降低，逐渐转化为同一产业中企业之间的分工，或者是企业内的分工。

再次，事实上，融合本身标志着竞争，其结果不仅仅局限于竞争，即便是原本不同产业的企业在进行融合时，或多或少都会发生一定程度的业务交叉，或是市场竞争现象，但竞争仍旧不断促进融合。

最后，尽管很多产业已经实现融合，但依然会有分工的存在。就此，传统产业组织在一定程度上，只要修改相应的产业或市场范围界定，就可以分析它们之间的竞争与垄断态势。此外，当原有业务与融合创新业务之间进行分工时，可以将其视为一种特殊类型的融合，是融合企业内部出现的新内部分工，也就是说不管是社会内分工，还是市场内分工，实质都是为了转化成企业内的分工。

所谓横向兼并，通常是为了获得规模经济并占有更大的市场份额，但值得一提的是，产业融合并不等于横向兼并，横向兼并通常会发生在同一个产业内部，但融合却必须发生在产业之间。也就是说，在统一市场区域内，或者是同一生产经营阶段，横向兼并是从事着同样经济活动的企业间兼并。由此可见，尽管产业融合并不代表横向兼并，但也有少数会发生在市场重叠中的不同产业之间，有时候也可能是发生在同一个大产业内部客户对象紧密相关的子产业之间。通常情况下，在现实生活中的某些融合有可能会直接采用横向兼并的方式来加以实现。

所谓纵向一体化，其主要目的在于控制该行业中原料供应，或者是生产与产品销售的全过程。对于产业融合而言，从事同一产品或者不同生产阶段生产经营活动企业间的兼并，也就是说纵向一体化并不代表产业融合。有时候，尤其是前后关联产业的融合，即便是可以视为纵向一体化，但由于在产业之间并没有发生前后生产步骤的衔接，且其关联性相对较弱，因而其只不过是混合型融合，并不能算是真正的纵向一体化。由此可见，在同一产业内，可能发生在不同工序与生产阶段之间的兼并即为纵向一体化，其同样也可能会发生在前后关联的产业之间。

在产业融合当中，倘若从企业角度去审视，通常将发生在高新技术产业与传统产业之间的称为混合融合，其一般还会发生于制造业与服务业之间，主要表现在某种多元化经营当中。通常多元化经营的主要目的在于寻找新的利润来源，或者是分散风险，再或者是合理避税等诸多考虑，而绝非为了与其他产业进行融合，继而从中获取相应的融合利益。在现实经济生活中，多元化经营并不是产业融合的一种表现，尽管有很多企业正进行多元化经营，但通常这些企业的业务范围与多个产业的企业之间存在一定程度的竞争，横跨数个产业之间。例如，当一个相对较大的房地产公司要收购一家同样大的食品企业的时候，并不代表这两大产业就此融合。

由上述可以看出，在产业融合的范畴之内，并不是说所有的横向兼并或纵向一体化，甚至是混合兼并都可以被容纳在内，即便是在产业融合当中存在某些这样的情形，关键在于，不管是对于横向兼并而言，还是对于纵向一体化而言，甚至是对混合兼并而言，产业融合只不过是一种表现形式。

换句话讲，融合开始于不同产业的企业之间，存在于业务交叉或竞争的直接发生；而在微观角度上，融合完成的重要依据在于企业之间的兼并或收购，是融合至关重要的表现形态。在融合开始到融合完成之间，存在许多过渡形态，例如，企业之间的合作、战略联盟、垂直约束、合资等，都是融合的表现。此外，正如上文指出的那样，个别企业不能代表整个产业，即使个别企业的跨业经营和竞争行为属于有意识的融合行为，但是少数的企业之间出现融合形态，并不必然表明它们所从属的产业之间发生融合。只有大多数企业之间，或者是数量虽少但却具有强大的产业影响力和代表性的企业之间发生了各种融合行为，出现了各种融合形态，才能据此认为产业融合的发生。

(三) 产业融合不等于产融结合

我们前面讨论了产业融合的定义，下面我们区分另一个定义，即产融结合，产业融合和产融结合是完全不同的两个定义，产融结合在我们的生活中比较常见，也大量存在于人们的生活之中。产融结合主要是指金融机构与工商企业之间通过一定的方式进行的协作与融合的现象，在产融结合中，第一，是二者之间资本的结合，第二，在资本结合的基础上，进行业务及人员等方面的结合。

对于产融结合的定义，我们讨论的是金融机构的金融资本与工商企业的产业资本经过一定的方式进行融合，是一种融合的现象。众所周知，产业与金融资本这二者之间通过一定的方式进行融合的现象很常见，在日常生活及工作中并不是什么新的经济现象，主要体现在非常经典的金融资本理论之中。最先对这种现象进行分析和论述的是马克思和恩格斯，在他们的理论中，他们认为，在资本主义社会中进行自由竞争最后导致的后果就是垄断现象的产生和发展。之后，拉法格不仅对马克思、恩格斯的理论进行了继承和发扬，在他们理论的基础之上，他通过分析一定典型的例子来进一步分析和讨论了银行资本与金融资本融合之后形成的垄断组织形式，并深刻分析了不同的资本在垄断组织中承担的角色及发挥的重要作用。拉法格分析的典型例子是美国托拉斯这种垄断经济组织形式。

其后，希法亭进一步论述了银行信用推动工业垄断资本形成，工业垄断组织又反过来推动银行垄断资本壮大的过程，他指出，特殊的利益关联最终使银行资本与工业资本紧密结合为一体，"我们把银行资本，即通过这种途径实际上转化为产业资本的货币形式的资本称为金融资本……用于产业的资本越来越大的部分是金融资本，即归银行支配的和由产业资本家使用的资本"[①]。作为金融资本理论的"集大成者"，列宁在扬弃前人研究成果的基础上，进一步将金融资本理论系统化。他指出，构成金融资本的 3 个主要因素

---

① [德] 鲁道夫·希法亭. 金融资本：资本主义最新发展的研究 [M]. 福民，译. 北京：商务印书馆，2009.

是"大资本的发展和增长达到一定程度；银行的作用（集中和社会化）；垄断资本（控制某工业部门相当大的一部分，以致竞争被垄断所代替）"①。随着银行业的发展及集中于少数几个机构，银行由普遍的中介人变成万能的垄断者。银行资本通过购买工商企业股票和开办新企业的办法，向产业资本渗透，大企业尤其是大银行，不仅直接吞并小企业，而且通过参与小企业资本、购买或交换股票，通过债务关系等来联合小企业，征服它们，吸收它们加入自己的集团。而大工业资本家为了获得稳定资金来源并保持与银行的稳固交易，也为了不让自己丢失独立性，被银行控制，他们也通过购买银行股票和投资创办新金融机构等办法向银行渗透。银企交易关系的长期化、固定化发展最终导致银行和企业从外在信贷联系走向内在产权融合。于是，生产的集中；由集中生长起来的垄断；银行和工业日益融合或者说结合在一起——这就是金融资本产生的历史和这一概念的内容。

在金融资本的理论基础之上，不同的学者根据自己的研究提出了一些理论，如金融资本消失论、金融机构霸权论等。

前面介绍了金融资本的产生和发展过程及金融资本这个概念所包含的重要内容，可以看到，产融结合这种现象出现得比较早，而且在当时针对产融结合这种现象，也存在大量的研究，研究的历史已经比较久了，长达100多年。而这里我们讨论的产业融合，研究的历史还比较短，这种现象出现的领域和范围都比较有限，产业融合受到人们的关注并大量开展研究的时间也比较短，只有30年左右，特别是最近10年才发展较快速，因此，通过分析二者的源头，可以看到，产融结合和产业融合是完全不同的概念，不能混淆谈论。

下面我们从本质上分析产融结合与产业融合二者的差别。产融结合的重点是产业资本与金融资本之间的融合，具有很强的逐利性；而产业融合的实质是产业间分工内部化，产业融合最重要的特征是两个或者多个产业通过一定的方式融合为一个产业。

通过上面的分析，可知产业融合和产融结合是有本质区别的，同时，也了解了产业融合发生的特点及本质，因此，判断不同产业之间发生融合的标准是多元化的，不是单一的、固定不变的。一方面，不能仅从不同产业中不

---

① ［苏］列宁. 列宁全集（第54卷）［M］. 2版. 北京：人民出版社，1990.

同的企业之间有一定的投资关系来进行判断，这样是不准确和不科学的，因为产业融合不仅需要不同企业间有一定的资本融合，同时需要技术、业务等多个方面的联系；另一方面，需要弄清楚，并不是所有的企业之间发生的投资、并购等行为都属于产业融合。

在我国经济快速发展的时期，我国的很多企业都在不断发展壮大，因此，有很多企业展开的经营活动都是多元化的，这样更有利于企业的壮大。在这种情况下，就会存在一些企业，它们不仅开展金融业务，同时在实际经营活动中，也开展一定的实业经营活动。在实际的产业发展中，关于产业融合的发生，有一点我们必须要强调，那就是在产业融合中，仅仅有个别的少数的企业发生融合并不意味着整个产业就发生了融合，这些个别的企业不仅不一定有代表性和典型性，而且数量十分有限，因此，不能根据这种现象来判定整个企业间发生了产业融合。判定产业融合时，第一个要素是发生融合的企业必须是金融和工商产业中具有影响力的企业或者大多数的企业中间发生了融合，而不是个别，个别不具有代表性，第二个要素是这些企业基本都在同一个市场上竞争。

下面我们从不同产业的实质角度展开分析，来进一步讨论产业融合。首先我们来分析不同产业的核心资产，通常情况下，金融产业的核心资产包括金融资产和知识资产，这二者中，金融资产是比较基础的部分；而工商产业中的核心资产主要包括实物资产和知识资产，在这二者中实物资产是比较基础的。通过对金融产业及工商产业的核心资产进行分析，可以看到，金融产业和工商产业二者无论是在资产的内容方面还是在资产的结构比例等方面都存在较大的差异，二者核心资产的基础都不同，因此，可以说，把二者进行融合是很艰难的。但是，针对这个问题和矛盾，我们必须要用发展的眼光和视角来看待问题，相信随着社会和技术的发展，二者能够进行更好的融合。同时，我们可以看到，金融产业及工商产业中知识资产的比例都在不断提高，这种趋势为产业融合提供了很好的契机。

事实上，在一些金融体系比较发达、产融结合历史比较悠久、经济的货币化和金融化程度较高、政府管制环境比较宽松的发达国家，已经出现了金融产业与某些工商实业的初步融合现象。世界500强企业中，80%以上都有自己的财务公司或资本投资公司，不但为自身提供金融服务，而且也对外销售金融服务，有的工业企业的金融产品和服务在其总营业收入中还占据不小的比例。例如，通用电气资本服务公司（GE Capital），其收益总额占到了通用电气公司（GE）总收益的 40% 以上，为 GE 的规模扩张和利润率的提升立下了汗马功劳，自 1985 年到 21 世纪初，该资本公司的规模扩大了 7 倍，其经营范围从信用卡服务、计算机程序设计到卫星发射、房地产融资、铁路和飞机的租赁、保险和再保险，样样俱全。特别是为通用电气旗下其他子公司的客户（如电力公司、航空公司和自动化设备公司）提供大量贷款，以帮助这些子公司，为其与客户签订大宗合同铺平道路。GE 资本公司的模式体现了产融结合的高度深化，也体现了金融产业与工商实业逐步发生产业融合的某些迹象。

二、产业融合的动因分析

（一）技术不断创新

在当今社会，无论是什么行业，都非常重视创新的作用和价值，任何行业的健康和快速发展都离不开创新，只有不断创新，才能不断进步与发展。因此，可以看到技术的创新是产业融合现象发生的源泉。著名的学者熊彼特曾经对创新进行了非常详细的研究，他首先在 1928 年时第一次提出关于创新的概念，然后在 1939 时，又在他的著作中，提出了创新理论，并总结了创新的 5 种不同的形式：①开发新产品，或者改良原有产品；②使用新的生产方法，如改手工生产方式为机械生产方式；③发现新的市场，如从国内市场走向国际市场；④发现新的原料或半成品，如使用钛金属作眼镜的镜框；⑤创建新的产业组织，如新兴的培训公司。

1951 年，索罗在《在资本化过程中的创新：对熊彼特理论的评论》一文中对技术创新理论进行了较全面的研究，并首次提出了技术创新成立的两个条件——新思想来源和以后阶段发展的实现。弗里曼（C. Freeman）则认为技术创新在经济学上的意义只是包括新产品、新过程、新系统和新装备等形式在内的技术向商业化实现的首次转化，包括第一次引进新产品或新工艺中所包含的技术、设计、生产、财政、管理及市场等诸多步骤。①

根据技术创新的效应不同，又可以把创新分为革命性的技术创新和扩散

---

① 于刃刚，李玉红．论技术创新与产业融合［J］．生产力研究，2003（6）：3.

性的技术创新，不同的创新形式又会产生不同的影响。

1. 加快产业之间技术融合

在20世纪90年代，全球掀起了一股产业融合的热潮，在那个时期之所以会出现这种现象主要是因为，随着信息技术的快速发展，信息技术等先进的技术不断被应用于很多领域之中，这种广泛的技术融合就给产业的融合提供了条件。不同的学者对技术创新有不同的定义。

我国的于刃刚等人认为技术创新扩散是指已经实现商业化应用的新技术的传播应用过程，即一项技术从首次商业化应用，经过大力推广、普遍采用，直至最后因落后而被淘汰的过程。

技术创新进而通过一定的方式推动技术的融合，这种现象的主要过程是：某一个产业中发生的技术创新带来的一些新的技术或者新的产品等通过一定的方式，被不断扩散应用到其他的相关或者不相关的产业之中，这种应用产生的影响就使很多不同的产业即使相差甚远，也拥有比较相似的技术基础和平台，这就为技术的融合奠定了基础。同时，技术扩散及技术应用有利于推动技术融合。

技术创新通过技术扩散及技术溢出两种形式不断地推动和加速不同产业之间的技术融合现象发生。先来看看技术扩散和技术溢出两者之间的异同。技术扩散是技术转移的一种方式。技术扩散是一种技术在空间传播或转移的过程，包括自发的和有组织的过程。技术溢出是指跨国公司在东道国投资中，引起技术和生产力在当地溢出的情况。通常，技术溢出是技术领先者带来的，是外部性的一种表现。

技术创新促进产业融合的过程主要体现在以下3个方面：第一，某个产业中出现的技术创新被应用到了相关的产业，相关产业原本生产中使用的生产技术对这种创新的技术进行批判吸收，不断改造融合，成为一种新的有利于相关产业发展的新技术；第二，某个产业研究得到的新技术被相关的产业运用之后，相关的产业对技术进行了改造、运用、升级之后，又对新技术进行进一步的创新和发展，使得升级后的技术不仅为相关产业服务，也能够为原有产业服务；第三，在产业技术创新过程中，随之而来的一些有利的先进的信息也会被相应的产业接收和利用，通过这种方式来促进技术的融合。

2. 技术融合推进产业融合

前面我们分析了技术创新通过一定的形式促进了技术的融合，而不同产业之间技术的融合又能进一步带动不同产业之间形成最终的产业融合，为产业融合的产生奠定了技术方面的基础。最近几年互联网信息技术发展非常迅速，因此，基于信息技术的革命已经广泛存在于我们生活的各个环节及各个产业之中，这种趋势有利于形成不同产业之间的产业大融合现象。

技术创新在不同产业之间的扩散导致了技术融合，而技术融合使不同产业之间的成本结构、生产技术和工艺程序等变得十分类似，从而形成不同产业间通用的技术平台，技术的通用性消除了不同产业之间的技术进入壁垒，最后，导致产业间生产方式和技术边界趋同。不同产业根据技术融合的导向，调整原有业务，整合物质、技术、人力和管理资源，在技术创新的基础上，积极发展与技术融合相适应的新业务，提供新的产品或服务，这些具有相似功能的产品或服务可以满足多种消费者的需要，从而使得不同产业在技术融合的基础上产生业务融合。技术的创新、技术的扩散和溢出效应及在此基础上产生的技术融合和业务融合给原有产业的产品或服务带来新的市场需求，便产生市场融合。

下面我们来分析技术融合、业务融合及市场融合与产业融合的关系。技术融合是产业融合发生的一个必要的前提条件，但是，需要强调的是，技术融合只是一个前提，产业发生技术融合并不一定就会发生产业融合，技术融合只是发挥一个催化剂的作用；而业务融合对产业融合很重要，是产业融合发生的必要准备；市场融合则是产业融合的最终表现形式。也就是说，产业之间只有存在技术融合的基础，同时，也产生了一定的业务融合和市场融合，才会产生产业融合，这几个条件缺一不可。总之，产业融合是现代产业发展的新的动力，是一种新的促进经济增长的方式。

(二) 企业内部因素

每个企业内部的因素也是产业融合发生的另一个重要的因素，企业内部的因素主要体现在两个方面，一个是企业之间格外突出的竞争合作关系，另一个是企业对效益及效率的追求。

1. 竞合关系

竞合关系是一种特殊的关系形式，和我们所熟悉的单独的竞争及合作是有差别的。合作竞争的定义主要是指协同竞争关系，这主要指不同的企业之间建立这样一种关系：他们是在追求双赢的局面，追求合作的双方都能够受益、获得最大化的利益，同时他们之间还存在着竞争的关系，也就是企业之间是在竞争的过程中不断加强合作，同时，在互动合作的过程中又存在竞争。这种竞合关系能够取得原来企业单独难以取得的经营效果。竞合关系带来的优势主要体现在：第一，在不同产业之间出现了很多的交叉产品、平台及部门等；第二，为产业融合提供一定的组织基础。因为，通过竞合关系，能够更加高效地优化各项资源的配置，最终达到提升竞争力的目的。

因此，可以说，在企业的内部因素中，竞合关系是产业间出现产业融合的重要因素，通过企业间的竞合关系，有利于企业的快速发展和壮大，同时，产业融合的这种发展趋势，在企业的发展过程中还有很多的优势体现，例如，可以打破不同产业之间的条块分割情况，可以减少进入的壁垒等。

2. 追求效益

我们都知道，企业经营的重要目标就是经济效益，追求利润最大化。也就是说，对于一个企业而言，我们往往通过这个企业的经济效益来判断其价值，因为企业只有能够不断地赢利，才能有继续发展的空间和能力，企业赢利之后，就会用赢利取得的资金进行下一步的投资和扩大。但有的时候，由于受到一定因素的限制，他们就会采取更多的方式来获得可能的经济效益，具体的行动上，企业就会采取跨产业多元化经营。

而不同的产业，由于其本身有质的差别，因此，企业为了追求一定的范围经济，实施跨产业经营和发展的时候，就会采取一定的方式和手段，不能盲目地开展经营活动，最重要的就是要不断地进行技术创新，实现技术融合，从而通过技术创新和融合来不断降低该企业跨产业多元化发展的成本。当实现了技术融合之后，就要在产品及服务的层面去实现业务的融合，最后当产品或者服务到达市场之后，再通过一定的方式去实现市场融合，通过这些举措，最终实现产业融合。

产业融合的发生是有条件的，并不是单独个别的现象。也就是说产业内大部分的企业都有内容趋同的跨产业多元化经营时，产业融合才能完成。

3. 追求效率

不同的企业主体之间存在着竞争与合作的关系，但是，在企业的发展过程中，我们的追求是多方面的，不仅要求企业发展经济效益，只有良好的效益才能使企业进一步发展和改进，更要求企业在生产过程中的效率，通常情况下，效率低下的生产方式很难使企业快速发展，反而会在一定的层面限制企业的发展。在追求产业融合的过程中，对于企业追求效率而言，有一种方式应用得比较多，那就是企业可以充分利用和借鉴其他企业的先进技术、工艺、手段等为自己企业的发展服务。

在实际的企业经营中，即使有了先进的生产技术及方法等，也并不意味着一切就一帆风顺，因为这些新的技术、方法等在实施的过程中，会受到很多不确定因素的影响，因此，企业为了不断追求效率，就会不断改进自己的技术和方法，从而产生新的产业融合。

总而言之，企业在实际的经营过程之中，不仅要不断提高产品和服务的质量，同时，要不断追求企业发展的效率，最终通过一定的努力来实现对外界不确定风险和挑战的抵抗。

（三）市场需求扩大

下面我们分析实现产业融合另一个重要的因素——市场需求的扩大。随着人们生活水平不断提高，人们对生活及工作的各个环节的要求都越来越高，人们希望他们的生活能够更加便利、更加舒适，同时，还希望他们的生活消费成本越来越低，人们的种种高需求使得企业要不断创新自己的技术及理念，不断寻求新的突破口来发展企业。因此，在很多不同的产业之间出现了多种形式的产业融合，如信息通信产业与金融业、旅游产业与别的产业融合等。

当今社会，互联网技术发展迅速，不断改变人们在日常生活中的生活方式，通过信息技术与别的产业的融合，使得很多的实物产品都能实现智能化等。这些改变体现在我们生活的各个方面，如共享单车的使用等。通常情况下，产业的融合是以市场需求的扩大为推动力的，而且产业的融合往往发生在一些比较先进的高新技术产业与大多的传统产业之间，通过一定形式的产业融合，提升原有产业的发展动力及核心竞争力。

技术创新改变了市场的需求特征，给原有产业的产品或服务带来了新的市场需求，反过来，市场需求的扩大又会进一步促进产品的创新，为产业融合提供了市场空间，使产业融合在更大范围内出现。另外，物质财富的极大丰富和生活水平的不断提高，使人类的消费方式和消费观念发生了巨大变化，消费者已经从工业经济时代注重物质财富的占有性消费，转变为知识经济时代注重解决问题的服务性消费。换句话说，现代社会的消费正朝着享受性消费发展。产品只是一个待发生的服务，而服务则是实际上的产品。在这种情况下，只有同时既是产品又是服务的供应才能满足消费需求，正是市场需求的变化推动了产业融合的发展。

（四）跨国公司发展

下面我们分析跨国公司的发展对于产业融合的影响，众所周知，很多大型的跨国公司都发展很迅速，这种形式为产业融合提供了很重要的载体。在现代信息化的社会，人们的生活节奏很快，同时，各个企业间的技术、方略等都更新很快，因此，跨国公司的快速发展能够为产业融合提供一定的便利。

在区域经济一体化的发展背景下，不同国家的跨国公司都在不断扩大自己的规模及范围，同时，他们的发展模式是注重综合发展，形成一体化的发展模式，而先进的信息技术的融合为跨国企业发展提供了技术帮助，目前，很多的大型跨国公司开始重视和采用产业融合战略。

三、产业融合对产业组织的影响

产业组织通常指同一产业内企业间的组织或者市场关系，而产业融合的出现使得不同产业间的企业竞争关系发生了改变，因此，本节重点探讨产业融合对产业组织的影响，这里讨论产业组织的范围比较宽泛，不再是讨论同一个产业的内部关系，而是讨论产业间的产业组织关系。在进行分析讨论时，我们从以下 3 个方面展开介绍和讨论，分别为产业融合对市场结构（structure）的影响、产业融合对企业行为（conduct）的影响、产业融合对市场绩效（performance）的影响。

（一）产业融合对市场结构的影响

在分析产业融合对市场结构的影响时，我们先来分析一个重要的概念，那就是产业边界，产业边界在产业融合中非常重要，在发生产业融合时，一个很明显的特点就是产业边界发生变化。产业边界的变化主要体现在以下两个方面：一是产业边界的收缩或者消失；二是产业边界的模糊，这和第一种情况是有差别的，体现的领域也不同。由于产业融合引起产业边界的变化，而产业边界发生一定的变化，就会在一定程度上引起市场结构的变化，下面，我们讨论产业融合对市场结构的影响。

通常情况下，决定市场结构的主要因素有 3 个方面，分别为市场集中程度、产品差别化程度和市场进入壁垒的高低。下面我们分别从以上 3 个方面着手分析产业融合对市场结构的影响。

首先，我们来分析对市场集中程度的影响。不同产业间的产业融合有很多的优势，可以充分结合和吸收不同产业间的优势及特点，通过一定的融合产生协同效应。例如，在我们实际工作生活中接触比较广泛的信息产业，其发展迅速，作用广泛，因此，就出现了一种新的趋势，那就是信息产业与很多不同的传统行业进行产业融合，这种融合不仅可以创新传统产业的生产经营方式，提高传统产业的经济效益，也可以不断拓宽传统企业的市场。因此，出现了很多企业愿意进行企业合并及并购。当有很多的企业出现合并及并购之后，就会使得产业边界发生相应的变化，最终导致市场集中度不断提高，也就意味着出现只有很少数的个别企业在控制着市场的行为。

其次，我们来分析讨论对产品的差别化程度的影响。产品的差别化，顾名思义，就是指产品之间的趋同性及差异性的程度。不同产业之间的产业融合的一个重要特点就是产品的趋同，这个相同的趋势就是产品融合之后，产品在很多情况下是以数字的形式展现的。在现代信息化的时代，我们生活中的很多地方都可以看到数字形式的产品，例如，很多畅销的电影、电视节目等都可以在网络上找到数字化的文件格式。

最后，我们来分析讨论对市场进入壁垒方面的影响。通常情况下，产业融合现象对市场进入壁垒的影响是双向的，即既有积极方面的影响，又有消极方面的影响，不同情况要区别分析。

（二）产业融合对企业行为的影响

按照哈佛学派的观点，前面讨论的市场结构会对一个企业的企业行为产生重要的作用，同时通过影响市场行为进而进一步影响一个企业的市场绩效。前面已经详细分析了产业融合对市场结构的影响，由此可知，产业融合也会对企业的行为产生一定的影响。在分析中，我们强调产业融合对企业营销、价格策略等方面的影响。

在当今社会中，随着信息技术的不断更新、换代与发展，越来越多的产业间出现了产业融合的现象。而在不同产业间出现的产业融合中，出现最多的形式就是把信息技术产业与我们熟悉的传统产业进行融合发展，如现在广泛提倡的"互联网+"的创新形式。而实现信息技术产业与传统产业的产业融合时，其最显著的一个特点就是开展融合的平台是互联网，这和以前所建立的平台是不一样的。产业融合发生之后，其对企业行为产生的影响主要体现在：第一，融合之后的大型公司或者集团需要重新制定他们的定价，而这时他们定价采取的依据就不再是以往的标准，即生产的成本，他们重新定价采取的标准是顾客的需求。第二，融合之后的大型公司或者集团也要改变他们之前的营销策略。众所周知，在传统的产业中，有一套专门针对传统产业开展的营销策略，而产业融合之后，通常是信息技术产业与传统产业的融合，因此，融合后很多的业务就是建立在网络这个平台之上了，这种形式是新颖的，同时，也会面临很多问题，例如，企业和顾客之间的接触变少了，距离变远了，这时候，现代企业营销的一个重要目标就是想尽各种方法和手段去锁定和吸引顾客。

产业融合通过降低企业的交易成本，从而带来产业组织规模的不断扩大。管理学家哈拉尔认为，企业共同体的组织管理形式经历了工业时代、新工业时代和信息时代的 3 种转变，如图 4-2 所示。① 在现代的组织比较庞大的公司，公司内部的组织是很灵活的，并不是呈现一种庞大僵化的模式。

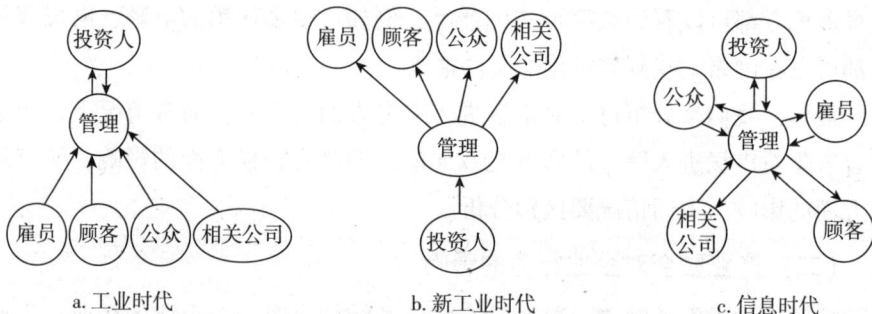

a. 工业时代　　　　b. 新工业时代　　　　c. 信息时代

图 4-2　不同时代的公司管理体制

（三）产业融合对市场绩效的影响

产业的融合对市场绩效影响的主要表现形式是作用于供给和需求，对于企业的成本进行一定的调整，并不断降低，最终提高整体的经济效益。这里所说的产业融合产生的需求上的变化主要指的是供给和需求是不是相匹配，并获得一定的增加，还有销售方面是不是有稳定性增长；企业成本上的

---

① 刘吉，金吾伦. 千年警醒：信息化与知识经济 [M]. 北京：社会科学文献出版社，1998.

变化主要指的是，研发的成本、生产的成本还有交易的成本不断降低。

产业融合使得市场对于新产品的需求量得到了增加。因为产业融合使得新的产品不断出现，这些新出现的产品和以前的产品都不一样，其功能更加健全，产品的形式更加多样化，新产品的经济效益也更高。产品融合使得产品的生产更具有规模化，新产品的服务化水平也得到了提高，市场绩效得到了有效提高。

因为企业融合，使得企业的组织出现了网络化发展，既使得企业内部部门的联系更加密切、效率提高，也使得企业外部的联系不断加强。在现在的组织架构之下，这一架构组织具有一定的网络化，企业和客户之间的关系进一步加强，不得不指出的一点是，消费者也成为网络框架中的一部分，其既需要对产品的创新提出积极有效的建议，也更加需要这一产品。从整体上看，产业融合使得企业呈现出网络化发展的态势，这种网络化使得供给和需求之间的联系得到了强化，也使得产品的供给和需求得到了稳定扩大，也稳定和扩大了企业的销售。

产业融合可以降低企业研发的成本和进行交易的费用，可以提高市场的绩效。产业融合对于不同企业之间的优势互补和资源共享具有积极作用，可以使产品的研发成本不断降低。企业融合使企业内部和外部的组织优化，使企业能够快速地调整应对市场的变化，使企业的生产成本降低了。产业融合使企业的交易成本降低了，企业能够根据自身的需要和市场的变化及时进行生产和销售。所以，产业融合能够使企业创造出更高的更多的经济效益，使经济的绩效不断提升。①

第三节　体育产业与养老产业融合发展的前景分析

一、体育与养老产业融合发展的契机

(一)　全面健身常态化

自党的十八大以来，在迈向体育强国和共筑健康中国的宏伟目标指引

---

① 王拱彪. 贵州体育与养老产业融合发展研究［M］. 北京：科学技术文献出版社，2019.

下，全民健身国家战略成为当今我国最火的体育关键词，其一头连接民生健康福祉、一头连接体育市场发展，是传扬全民健康理念、培养终身体育意识的最佳途径。实际上，从 20 世纪 80 年代到现在 40 多年的时间中，由于经济社会的深刻转型，受到国力提升、环境优化、政策利好、国民自我意识觉醒的影响，我国体育赖以存在和发展的条件发生了根本性变化，人们对于体育的认识理解和价值判断较过去有了很大的转变，体育在国家层面、社会层面及个体层面都被赋予新的意义，回归"发展体育运动，增强人民体质"的本源，加快推动体育体制改革、转变体育发展方式以实现公共体育服务普惠均等，使人们在参与体育运动的过程中真实地收获健康快乐和享受美好生活，进而促进人的自由全面发展，乃是新时期我国体育发展的大势所趋、民心所向。基于这样的时代要求，在政府引领、市场运作、社会参与的多方共同努力下，近年来全民健身在全国范围内以燎原之势取得了累累硕果，尤其是伴随健康中国战略向纵深的不断推进，"全民健身"这 4 个字也真正首度从"高大上"的政策文本里一步一步地"走"到了平常百姓的心中，潜移默化般融入进了各年龄阶层人民的生活。正所谓：全民健身方兴未艾、终身体育养成意识渐熟，这即是现阶段我国体育产业与养老产业融合发展迎来的新契机之一。

1. 开始积极参与体育运动

近年来，由于"全民健身日"的持续聚力，随着以城市马拉松为代表的全民健身赛事活动在全国各地的风起云涌，加之 2022 年北京冬奥会"3 亿人上冰雪"的号召鼓舞，以及全运会正式新增群众比赛项目，种种丰富多彩的全民健身活动就此点燃并唤醒了人们过去可能"奢求渴望"却碍于各种因素"很难实现"的参与体育运动的激情。早期通过全民健身吃到"甜头"的群众，更是以自身行动作为表率向社会释放健康活力的正能量，从而不断影响和带动包括亲属、朋友、同事及同学在内的更多身边人，吸引和鼓励大家参加运动、参与健身，并广泛传播全民健身知识、传扬健康生活理念。此外，全民健身早已超越了简单的强身健体，而是伴随体育消费人数的增长产生更大的社会经济效应，尤其是与养老、教育、文化、旅游等服务相融合，更易形成互促共进的体育市场发展新局面。

2. "运动是良医"渐入人心

国际经验表明，随着绝大多数发达国家和部分发展中国家医疗卫生保障水平的提高及饮食营养条件的改善，由于国民疾病谱的变化，"体力活动不足"已经构成影响人体健康的一个重大因素，以往少见但现在高发的多数慢性非传染疾病均与"缺乏体育运动"有关。最新研究发现，目前人类约70%的慢性病都可以通过有效的体育运动手段加以防治，所以，国际医学界亦把体育运动称为"人类的终生良药"。当前，推动我国全民健身与全民健康深度融合是建设健康中国的一项重大决策部署，人们不仅对"运动处方"有了更加理性和深刻的认知，使体育作为多功能的全方位、全周期、全人群"体力活动补充剂"和"健康效益收获器"的效用不断放大，而且养成科学、规律、自觉、持久的终身体育锻炼习惯正在逐渐成为更多国人（尤其是中老年群体）进行自我保健、自我预防、自我治疗、自我康复的首选。更为重要的是，"运动处方"在助力解决老年心理慰藉和精神需求等问题方面也具有独到疗效：那些把积极参与有组织的健身锻炼或赛事娱乐活动视作认真休闲手段的老年人，他们通常都培养了自身努力付出、坚持不懈与永不放弃的精神，而且还有效增进了代际间的和谐互动关系，这使他们也获得了体能、社交及心理认同等多方面的回报，为自己带来成就感与存在感、个体发展与社会互动的有益影响。经常参加体育锻炼的老年人既能够比同辈人拥抱更加快乐美满的晚年生活，又可以在整体层面促进健康老龄化。因而，"运动是良医"的观念日益深得人心，只有提供优质化、分众化的体育运动健康服务产品，才能进一步地有效激活老年用户的潜在需求、有力补齐康养市场的各项短板，最终达成并契合健康中国战略所提出的"把以治病为中心转变为以人民健康为中心"的新时期主旨目标。

3. 老年人或将成为体育实践者

在每一个人的成长过程中，校园始终是我们全面接触体育运动、习得项目技能、培养兴趣爱好的主阵地。伴随全民健身国家战略的深入推进，从学校体育端口发力，在青少年时期就着手引导人们养成以终身体育为载体的健康生活方式，已经在全社会取得广泛共识。2016年4月，国务院办公厅发布了《关于强化学校体育促进学生身心健康全面发展的意见》，该文件特别强调学校体育要坚持面向全体、人人参与，并要求体育教学必须加强健康知识教育、注重体育兴趣培养，积极引导学生至少掌握一到两项终身受益的运动技能。可以预见，在全民健身理念深深植根国民心中的同时，今后每一代老龄群体中的绝大多数人都有望成为普遍拥有一定运动技能的体育爱好者或支持者，那么，从体育消费的角度考虑，越来越多的新生代老人应值得引起体育市场的高度关注。毕竟，体育在全社会健康养老服务中作为"运动处方"的综合价值将备受国人的重视和认可，此其一。其二，体育参与的持续化和规模化势必催生多样化的老年体育健身需求，仅以 2017 年北京市中高收入老年群体对养老服务需求为例，在 60 家研究院对其调研中发现，体育健身需求以 52.15% 的占比排在所有 16 项服务需求的首位①。此外，近年来广场舞风靡大江南北，也反映出大部分中低龄的活力长者对晚年幸福生活的一种追求与态度。

（二）养老服务市场化

我国人口老龄化的成因和特点决定了社会养老将成必然趋势，虽然养老服务供给增速未能跟上老龄化的节奏，使得我国养老市场潜力目前尚未完全释放，但由于老龄人口急剧增加带来增长新引擎，加之近年来国家利好政策扶持力度加大及大批上市企业纷纷涉足养老服务行业，我国将成为全球老龄产业发展潜力最大的国家，养老服务的巨大市场亟待开发。首批中产退休在即、养老细分市场虚位以待，这即是现阶段我国体育产业与养老产业融合发展迎来的新契机之二。

1. 银发市场前景看好

20 世纪 80 年代参加工作的一代中产阶层退休在即，养老服务需求将在未来 5~10 年内集中爆发，养老行业的黄金时期已经不远。由于我国老龄人口的增速已经明显超过总人口增速且在未来 30 年内将有较快增长，随着我国首个生育高峰群体即将退休迎来乐龄生涯，而他们其中的很大一部分人通过自身努力留有一定生活积蓄，年龄主要集中在 50~65 岁。据相关部门统计，这些具有较强支付实力而且即将步入 60~70 岁的低龄老年群体占全国老年人口总量近 60%，他们实质上为我国养老市场的成长注入了强劲动力。

2. 市场细分是养老服务的发展方向

由于即将退休的中产阶层属于婴儿潮人群，而且又是第一批独生子女的父母，他们在退休之际面对的是更为严峻的包括有关空巢老人、子女赡养、保健养生等在内的一系列问题，因而，如何为其量身定制和提供有效的解决

---

① 李斌，等. 北京"金领"老年人调查报告：有钱、有闲、爱旅游、懂网购［R］. 北京：60家研究院，2017.

方案应值得市场关注，毕竟他们有能够负担得起改善晚年生活状况的经济能力。所以，需要有差异化的养老服务运营商为不同收入水平和消费层次的老年用户提供多样化、品质化的养老服务产品，满足他们在高、中、低端的各方面需求，这样才能使企业有机会进一步得到消费者青睐，进而通过品牌效应助力养老市场的营收增长。

(三) 老年消费品质化

今天，作为消费活动主体的每一个人都身处资讯爆炸、科技飞跃的网络时代，知识的便捷化、服务的个性化及产品的智能化在默默改变国人日常生活轨迹的同时，也悄然地影响着人们的消费偏好和期望，老年消费也不例外。正所谓，信息科技日新月异、老年消费思维与时俱进，这即是现阶段我国体育产业与养老产业融合发展迎来的新契机之三。

1. 老年用户为自己的兴趣埋单

伴随老年人接收信息渠道日趋多样、信息内容日益多元，老年兴趣消费因而日渐兴起。自古以来，兴趣爱好始终是丰富老年精神世界不可或缺的基本元素，基于当前我国社会主要矛盾已经发生变化，激发老年用户在兴趣环节的消费活力，满足老人对于美好晚年生活的需要，将使养老服务市场迎来新的增长点。实际上，相较于过去信息十分闭塞的老年人，随着我国世界领先的移动互联网技术的高速发展及网络信号全人群、全地域的广泛覆盖，如今我国老年人的信息获取与年轻人相差无几，并且他们能够接受新鲜事物、热衷学习，许多老年人已经可以熟练运用终端设备来接收线上资讯，社交媒体也成为他们休闲生活的一部分，所以，越来越多的新生代老人或将抱以更为开放的姿态，乐于尝试体验他们信任的休闲娱乐和消费项目，其消费特征也更加趋于年轻化和时尚化，并且社交性消费需求愈发强烈。例如，在同程旅游于2016年创立的老年旅游品牌项目"百旅会"中，51~60岁的用户占62%，61~70岁的用户占33%，70岁以上的用户占5%，其中大部分用户对于邮轮旅游、极地旅游、养生旅游等细分市场表现活跃，特别是在线用户，他们对于非标住宿等新鲜事物的接受度甚至高于年轻群体，而"较年轻"的老人很有可能仍然是未来老年旅游市场的主力。此外，从近年来出国旅游的老年人在免税店大规模购物的诸多场景也可以看出，拥有一定购买力的国内老年用户不在少数。可以预见，新生代老人在休闲娱乐方面的兴趣消费潜力不容小觑。

2. 老年用户的消费观正在演变

基于生理和心理特征，长期以来，我国老年消费大多具有自主性强、习惯稳定、行为理智及追求实用便利等特点。虽然老年人的消费需求和消费方式在一定程度上有别于其他年龄段的群体，并且由于老年人自身阅历积淀的各不相同，他们的消费观念也是各式各样的。但是在信息社会"熏染"中，随着老年人口比重的明显增大、城乡区域均衡发展进程的加快、养老保障体系的持续完善及生活方式的不断更新，新生代老人的整体消费思维将日益跟上快速变化的时代节奏。老年人未来消费理念的转变主要体现在以下几个方面：一是消费理念将渐次由省吃俭用向花钱买快乐买健康转变，二是消费需求将逐步由满足基本生活需要向提高生活品质转变；三是消费方式正在由传统线下渠道的目的型消费向线上线下有机结合的体验型消费转变。同时，随着首批中产退休步入晚年生活，他们将构成一支既具有足够消费能力又拥有较强享受型消费意愿的队伍，推动当前我国老年健康消费观念弱的欠发达地区迅速向发达地区收敛，使其可能在数年内就拥有发达地区几十年来才形成的健康消费偏好（我国地区经济差异或文化差异导致当代老年人的健康消费观念仍存在较大的地区差异），从而在全国范围内创造颇具潜力的老年健康消费市场。

(四) 乐龄生活丰富化

古往今来，在以孝道为尊与经验传承的社会文化氛围中，我国老年人的生活始终是与后代子孙联系在一起的。自中华人民共和国成立以来，人们通常都会在60岁迎来"退休、子女成家立业、孙辈诞生、身体机能衰退、优享敬老待遇"等一系列事件因素构成的人生的又一个转折点。如今，我国刚刚及行将步入花甲之年的老年人，他们在成长时期饱尝艰辛与磨难，参加工作之时恰逢改革开放的新风正起，出于对穷苦的不安和担忧，他们中的很多人都通过努力工作学习来确保自己跟上时代发展的脚步，并且秉持省吃俭用的生活习惯，几乎把所有精力和收入都倾注于养儿育女，希望下一代能过上幸福美好的生活，以免重复自己的不幸，而在这个漫长的过程中，他们甚少考虑过自己。

然而，在40多年里，我国经济社会高速发展，国家发生了翻天覆地的巨变，人们的思维模式也因此受到影响。伴随物质生活条件的全面改善及人均寿命的稳步提高，新生代老人的生活也悄然发生着变化。告别跌宕起伏的过去，作为我国第一代独生子女父母的他们已不再需要为穷苦而担心，他们的孩子大多也结婚生子开启新的家庭生活，日益健全的养老保险制度则为他们提供了充足的可支配收入。因此，新生代老人在踏入耳顺之际，即将迎来安稳平和的退休生活。他们可以借助相对健康的体魄、较为稳定的收入和大量空闲时间，为老年生活注入更多的更可期待的内容，尤其是有机会开始真正关注自己，重过年轻时未能体验过的生活，从而展现出一种新的精神风貌，度过一个充实愉快且极富意义的晚年。正所谓，经济社会繁荣发展、老年生活面貌焕然一新，这即是现阶段我国体育产业与养老产业融合发展迎来的新契机之四。

有调查发现，新一代的老龄群体愿意将更多的消费用于膳食营养、旅游社交、文化教育、休闲娱乐等能够提高自身生活质量的产品和服务，他们正在积极地重拾昔日未能顾及的自我，变得更加开放、安享、热情和积极，因而我们对身边越来越多的老年人应该有全新的认识，不能总是停留在"老人忙于照顾孙儿、生活单调乏味、体弱多病、勤俭朴素"的陈旧印象中。简而言之，随着时代的进步，今后我国老年人不会再如过往那般保守，他们将乐于利用手中的积蓄尝试新鲜事物，通过健康消费引领美好生活。所以，需要有更多品牌重视这个不容忽视的银发经济消费群体，向更多新生代的老年用户提供更全面的高质量产品和服务。

二、体育与养老产业融合发展的内外因分析

（一）体育与养老产业融合的外生性动力

由于经济社会转型，在政府主导型的市场模式体系下，我国生活性服务业长期蓄势发展，居住、医疗、教育、文娱和通信占居民消费比重均经历了先升后降的过程。如今，随着人均国民收入超越中等收入国家平均水平，国家经济总量跃居世界第二位，新型城镇化建设高速推进及社会主要矛盾出现变化，我国正在由经济赶超型发展向高质量发展过渡，因而生活性服务即将迎来增长爆发期。环视当前全球产业经济现状，以制造服务化、服务网络化为主要特征的产业融合趋势在新经济发展中的地位越来越突出。为了加快推

动我国生活性服务业实现跨越式发展，国家政策导向鼓励特别是放松管制将成为驱动生活性服务业内部发生产业融合现象的决定性因素。那么，就我国体育产业与养老产业融合而言，除了市场主体在体育或养老消费端口的利益使然，现阶段两大产业融合发展的主要动力仍将源自产业政策的引导和规制。实际上，目前国家对服务消费领域的深化改革予以高度重视，不仅通过政府自身的改革来降低服务型企业运行的制度性交易成本，而且大力实施各项产业政策来激励和保障第一、第二、第三产业融合发展。尤其是近年来国家以顶层设计之力，相继发布了鼓励和支持体育与养老及相关产业融合发展的各项政策，在一定程度上为体育产业与相关产业的融合发展创造了利好的制度环境和自由的市场空间，进而能够降低或消除产业间的进入壁垒，为体育产业与养老产业融合提供了比较充分的政策保障。简言之，国家政策导向在体育产业与养老产业融合发展过程中将始终发挥至关重要的基础性作用。

（二）体育与养老产业融合的内生性动力

范围经济是实现社会资源的有效使用、提高生产效率的重要手段与途径，它通常是以一个企业生产多类产品和多个企业分别生产一类或少数几类产品的相对总成本来定义的①。存在范围经济的条件，可用函数"TC（Qa，Qb）<TC（Qa，0）+TC（0，Qb）"表示，其意味着一个企业同时生产产品 a 和产品 b 所花费的成本小于两个企业分别生产产品 a 和产品 b 所花费的成本之和。依据产业融合理论，并且通过对农业种植、制造物流、生物医药、信息传媒、金融地产、文化旅游等第一、第二、第三产业经济现象的考察不难发现，产业融合发生的内在条件其实是互相融合的不同产业或相同产业内部各行业之间，都具有范围经济的特征，即企业增加产品种类能节约成本。

在市场经济中，企业的趋利性是企业发展的根本动因。一方面，从体育产业的发展趋势来判断，按照国家确立的 2025 年体育产业总规模超过 5 万亿元的目标指引，伴随我国体育产业质量和体育消费服务购买力水平的逐步提升，体育产业部门与相关产业部门之间的生产要素流通和渗透必将加强，这就很可能进一步增强和扩大各类体育企业在相关领域的经营布局，从而全面

---

① 王俊豪．产业经济学［M］．3 版．北京：高等教育出版社，2016.

提升体育产业的整体规格，实现体育企业的范围经济；另一方面，从养老产业的发展前景来推测，由于人口老龄化加剧促使多元福利经济形态不断成熟，未来养老资源主要依靠市场配置的观点如今已成为业界共识，然而老年人口和市场需求、营利机会和市场规模之间并不能简单画等号，尤其是当前适合老年人消费的服务产品供给与其有效需求仍然处于结构性失衡的状态，因而，许多专家学者也都赞成养老产业发展必须立足中长线投资定位，通过跨界融合的方式来增加适老服务产品的多层次供给，进而提高养老产业发展的核心竞争力，使得养老企业能够享用范围经济。由此可知，体育产业与养老产业融合发展的经济特征的实质就是范围经济性，因为体育或养老企业若采用混业经营战略，通过创新优化差异化产品的供应链使单位生产或销售的成本降低，就容易引发范围经济扩张，进而可能直接驱动两大产业融合的发生。也就是说，作为体育产业与养老产业融合发展的引擎，企业将在追求范围经济的过程中持续输出融合动力。

三、体育与养老产业融合发展的整体趋向

(一) 体育与养老产业融合的目标

体育产业与养老产业融合的目标是基于引领老年人在新时期形成科学、文明、健康的新生活方式，通过实现双边产业资源在应用层面的全面深入衔接、渗透与重组，形成以体育独有的非医疗健康干预功能为支撑，寓健身、竞赛、康复、照护、疗养等多种服务元素于一体的，你中有我、我中有你的老年运动健康服务市场新格局。众所皆知，体育企业提供的服务主要包括健身指导服务、运动康复服务、赛事组织服务、场馆租赁服务、体育资讯服务等内容，养老企业提供的服务主要涵盖居家照料服务、社区关怀服务、机构护理服务、保健养生服务、老年精神服务、老龄用品服务等领域，而这些服务元素在许多环节是相互叠加在一起的，因为服务对象在一定时空范围内都是老年群体。例如，健身锻炼是老年人保健养生的重要途径，运动康复是辅助老年人改善机体功能的医疗手段，观赛参赛是丰富老年精神生活的休闲娱乐方式，适老化体育场馆设施改造和器材定制可以满足老年人的特殊使用要求。不过，由于老年消费市场并非单一的同质市场，而是一个分众式、多元

化的市场①，并且任何形式的涉老服务都具有一定的准公益性，所以老年用户是否需要向相关企业购买体育服务或养老服务，以及他们到底需要什么类型的服务、什么款式的产品，每位老人的回答各不相同。因此，明确体育产业与养老产业融合的目标，找准企业用力方向，加强服务创新能力，使体育服务与养老服务能够有机融入彼此的产业价值创造环节，才能更好适应老年用户需求导向下健康养老服务模式精准化、集约化和科学化的新局面。

（二）体育与养老产业融合的类型

我国老年运动健康服务市场培育的长期性和艰巨性决定了体育产业与养老产业融合将是久久为功的渐进过程。在以创新为首的五大发展理念引领下，随着我国康养服务市场开放程度不断提升、产业资源共享平台不断升级及企业创新驱动步伐不断加快，体育产业与养老产业融合的类型也将跟随产业融合度的变化而发生相应改变。

国外最新研究表明，产业互动通常发生在 3 个区间：自然区间（natural area）、融合区间（convergence area）和离散区间（divergence area）。当产业互动发生在自然区间，产业融合出现的概率是随机的；当产业互动发生在融合区间，产业融合出现的概率远大于产业互动发生在自然区间的情况，并且极易引发两个及两个以上的更多产业之间发生融合；当产业互动发生在离散区间，产业融合出现的概率远小于产业互动发生在自然区间的情况，并且两个产业之间很少进行资源的有效共享。同时，受外部环境实时变化的影响，产业互动在一定时期内往往又会呈现出 3 种不同的融合动态：动态稳定（stationary dynamics）、动态递增（increasing dynamics）和动态衰减（decreasing dynamics），后面两种动态也被统称为动态演进（evolutionary dynamics），并且它们一直处于非线性乃至混沌关系。换言之，在产业互动的过程中，融合动态是不断转换的，即产业融合度是持续变化的。通过把产业互动所在区间及形成融合动态的内涵相结合，体育产业与养老产业融合的类型将划分为 5 种范式：演进式融合（evolutionary convergence）、演进式离散（evolutionary divergence）、稳态式融合（stationary convergence）、稳态式离散（stationary divergence）和稳态式独立（stationary independence）。演进式融合

① 王菲. 我国城市老年人消费行为的实证研究 [J]. 人口与发展，2015（3）：12.

是指随着体育产业与养老产业融合度的提高，两大产业互动的频率就会增强，并开始进入和维持在融合区间，使既有的产业重叠部分日益扩大。演进式离散是指随着体育产业与养老产业融合度的降低，两大产业互动的频率就会减弱，并开始进入和维持在离散区间，使既有的产业重叠部分日渐缩小。稳态式融合是指由于体育产业与养老产业融合度的变化在融合区间中保持相对静止，两大产业互动的频率就会维持高位水平的现状，使已经新增的产业重叠部分不再扩大；相反，稳态式离散是指由于体育产业与养老产业融合度的变化在离散区间中保持相对静止，两大产业互动的频率就会维持低位水平的现状，使已经缩小的产业重叠部分不再缩小。稳态式独立是指由于体育产业与养老产业融合度的变化在自然区间中保持相对静止，两大产业互动的频率就会维持在中位水平的现状，使既有的产业重叠部分不增不减。

由于我国体育产业与养老产业融合度较低，且老年运动健康服务市场还未勃兴，面对当前两大产业互动不足的情况，两者融合的类型尚属于演进式离散。不过，近年来，一些行业先行者正在积极部署跨界经营，开发多元化的适老体育服务产品，如专门针对中轻度失能老人提供运动康复治疗服务、通过推广运营的乐龄活动 IP 以切入老年赛事服务市场、建立以中老年人运动健康为主题的"康乐家园"、主打老年体育健身产品的创新研制和经销服务等，不一而足。那么，今后随着更多企业及社会资本陆续介入老年运动健康服务市场，我国体育产业与养老产业融合的类型或将由演进式离散向稳态式融合逐级过渡，最终有望实现演进式融合的彻底转变，从而使"体育+养老"形成的新经济现象获得产生康养新业态的能力。[①]

第四节 体育产业与养老产业融合发展的主要模式

一、渗透融合模式

所谓的渗透融合指的是，不同产业之间的资源能够共享，彼此之间能够进行一定的交叉和相互渗透。不同产业之间的融合过程是双向进行的，包括

---

① 王拱彪. 贵州体育与养老产业融合发展研究 [M]. 北京：科学技术文献出版社，2019.

两个方面的内容，一个是甲的资源流向乙，一个是乙的资源流向甲。因为不同产业的渗透，不同产业之间能够相互联系，使得产业的含义不断得到丰富。通过体育产品的有关企业，体育产业渗透到了养老产业，通过健身运动使得体育产业与养老产业不断融合发展。就是因为这样的融合方式，使得原来的老年服务产业更加具有魅力，使得体育产业与养老产业都能获得一定的收益，实现二者的共赢，如图4-3所示。

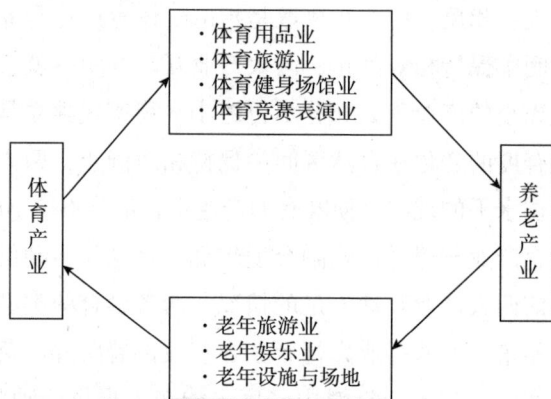

图4-3　渗透融合模式

（一）体育产业渗透到养老产业

1. 对老年体育用品进行开发

通过举办各种各样的老年人业余体育比赛等活动，对体育用品进行一定的推销，在这个基础上推动体育用品的发展转向老年市场。例如，中国老年体育协会经常举办一些太极拳、乒乓球等业余的体育比赛，在这个基础上，对体育用品进行一定的推销，进而推动整个体育用品市场中老年体育用品的发展。

2. 对老年体育旅游进行开发

因为社会是不断发展进步的，人们的生活质量也是不断提高的，老年人对健康的认识也提升到了一个新的高度，体育旅游业和养老产业结合起来，推动了老年人休闲旅游的多元化发展。例如，山东省新泰市主打健身旅游，依托当地的生态农业，不断开发养老和养生旅游产业，形成一套相对比较完整的生态休闲旅游体系。

3. 对老年体育场馆和设施进行开发

近几年，老年人跳广场舞对周边居民造成极大的影响，对出现这一现象的原因进行挖掘，我们发现，老年人运动场所不完善是主要原因。国家体育总局响应国家发展改革委员会要求，不断加强中国公共体育服务设施的建设，用以满足人民群众对体育健身的需要。鼓励社会进行全民健身中心等项目的建设，对老年人健身活动提供一定的指导，使得老年人不同层次的健身需求得到及时的满足。

4. 对老年体育竞赛表演进行开发

广场舞逐渐成为全运会的比赛项目。因为广场舞由来已久，主要在老年人群体中流行，而中国的老龄化问题不断加快，需要老年人不断加强自身体质锻炼。中国的体育竞赛表演事业需要不断进行开发。

（二）养老产业渗透到体育产业

1. 依托老年旅游业资源开展老年休闲健身旅游活动

养老产业渗透到体育产业中，主要是针对老年产业中比较具有有利地位的资源进行一定的设计、开发，并进行一定的销售，在其中加入体育的成分。例如，根据老年人旅游业中的海滩、山水风光等资源，进行钓鱼、爬山等健身活动。

2. 依托老年文化娱乐资源开展老年体育娱乐活动

老年人进行的文化娱乐活动中也具有体育的成分，例如，在观看各种体育比赛的时候不自觉地呐喊和助威；观看广场舞、秧歌舞时对文化品位的提升等，这些都能在一定程度上使得老年人体育文化娱乐的需求得到一定程度的满足。

3. 依托老年设施和场地开展老年体育健身活动

中国现有的养老模式主要有3类——在家的养老、在社区的养老和在养老机构的养老。在机构养老中，老年人健身的设施设备的建设资金比较短缺；在社区养老中，要想获得一定的养老资金，其途径较少，受这一条件的限制，老年人进行活动的设施设备都是比较少的，项目也很简单，没有专人的指导。因为国家越来越重视健康问题，政府部门不断增加老年人的体育方面的经费，社会上的企业也意识到老年人健康的市场前景，不断加强相关方面的研究和发展，使得老年人的体育健康产业不断得到发展。

因为产业之间的渗透是相互的，具有双向性，不同产业之间进行融合以后，甲中包含着乙，乙中包含着甲，当不同产业融合之后，我们站在不同的角度观察产品和服务，不难发现，这样的产品和服务既可以说是甲的，也可以说是乙的。体育产业与养老产业融合以后，新生成的产品和服务既具有体育的特征，也具有养老的特征，但这种特征与体育和养老的属性又是不一样的。渗透融合模式具有一定的缺点，因为其融合的程度并不是很深，我们根据产业的业态来判断，融合后的产业既不能说是甲，也不能说是乙。

二、重组融合模式

所谓的重组融合模式指的是，本来是相对独立的产品或者服务，因为使用同一标准元件或者是因为管理费用结合在一起，这一整合的过程就是重组融合。重组融合具有自身的一些优点，那就是，把本互不相关的具有各自独立性的产品和服务根据自身的特点与产业链的上游或者下游的产业进行重组融合，在这个基础上产生了和本来的产品或者是服务不一样的新的产品或者服务。体育产业与养老产业各自所具有的产业技术、产品等的界限逐渐变小或者是界限消失，然后进行重组融合，使得与体育和养老的产品或者服务不一样的业务，能够在相同的运作平台进行融合发展，最后形成新的业态，如老年健身服务产品等康体养老产品或者服务，如图4-4所示。

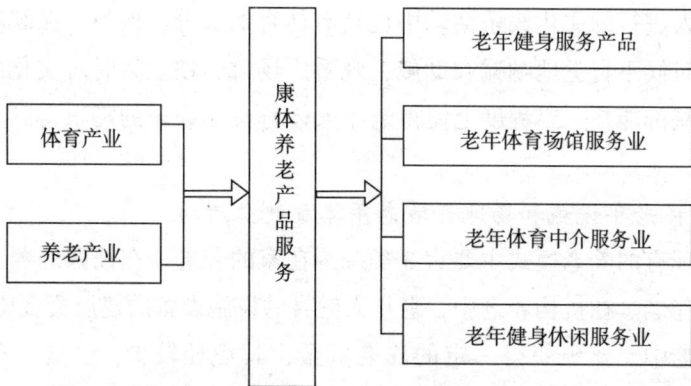

图4-4 重组融合模式

(一) 老年健身服务产品

因为出现了新的技术和新的材料，使得体育产业与养老产业原本就有的产品或者服务的界限逐渐消失，因此这两个产业的企业在寻求产品和服务跨越不同行业的同时，两大产业的产品功能被整合起来，最终研制出具有体育功能和养老功能两个属性的新的特色产品，满足老年人不断增长的、多样化的、多层次的体育健身需要，使得体育的养老服务不断得到提升。例如，老年人运动使用的软件、老年人运动使用的手表、老年人运动使用的鞋子等智能的健身服务产品，这些产品不只是能对老年人的健康进行数据分析和整合，还具有呼救、定位等功能，使得老年人的身体出现不好的状况时，能够帮助老年人进行自动报警，对老年人所在的位置进行定位，及时地帮助老年人摆脱自己所处的困境，深刻体会到高科技给他们带来的方便。

（二）老年体育场馆服务业

社会上的养老服务和社区里的养老服务有一个共同点，都是对体育场馆的设施设备等进行一定的改造和建设，使得体育产业与养老产业二者有机地结合起来，体育场馆的经济效益和各方面的效益都得到提高，真正落实到服务于老年人的健身活动。这样，其可以按照就近的原则、小型多样的原则、文化和体育结合的原则、进行科学健身的原则，从而尽最大的努力服务于老年人的体育健身活动。

（三）老年体育中介服务业

我们要把老年人的业余的体育赛事和体育健身场所的服务业作为重点内容，并把其和体育中介服务业结合起来，促进其融合性发展。例如，在全国的老年人体育健身比赛当中，陆续产生了一些体育中介服务新市场——体育教练员的健身指导、体育文化的传播和创造性设计、体育媒介方面的广告等。

（四）老年健身休闲服务业

我们对于体育旅游业和养老旅游业的重组融合有一个媒介，那就是休闲旅游。在体育旅游和养老旅游所在的产业链上下游的产品和服务中，把老年人的健身休闲功能放在重要位置，让休闲旅游凸显老年康养特色，最终使得老年人的身心都得到不断的发展。例如，河南原阳的"颐养乐福养生养老示范基地"，就是把休闲、养生和体育结合起来，并和多家社区养老服务站点合作，服务于为老人提供养老养生的生活。

体育产业与养老产业都有自身的技术、产品或者市场等，经过重组融合以后，会产生新的产品或者服务，而且这些产品或者服务和原来的不尽相同。

然而，在重组融合的过程中，体育产业与养老产业原有企业的经营理念是很难改变的，它们不想被其他行业收购，最终不利于整体的重组融合战略的推进。

三、延伸融合模式

所谓的延伸融合指的是，不同产业之间相互补充和产业延伸，产业不断融合，使得本来的产业具有新的功能，其竞争力不断增强，最终产业之间融合为不分你我的新型产业系统。通过产业的延伸，使得体育产业与养老产业融合起来，在体育价值链中使用新技术开发新的体育养老产品和服务，实现产业的延伸融合发展，如图4-5所示。

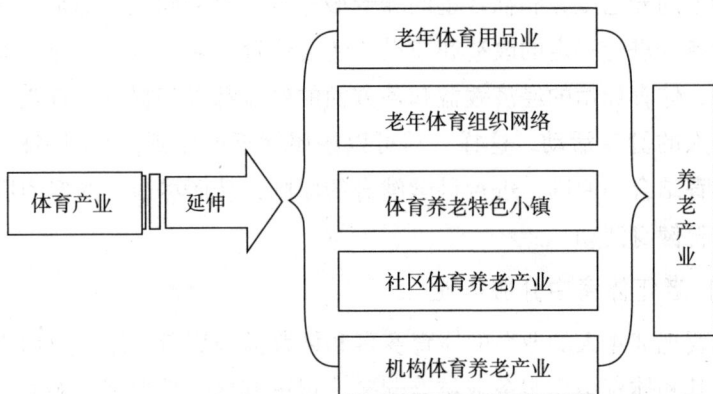

```
体育产业 ──延伸──▶  老年体育用品业
                    老年体育组织网络
                    体育养老特色小镇    ──▶ 养老产业
                    社区体育养老产业
                    机构体育养老产业
```

图4-5　延伸融合模式

（一）老年体育用品业

如今的老年体育用品市场是非常广阔的，那么，体育用品的企业需要做些什么呢？首先，体育用品的企业要使得自身的市场经营理念不断更新，树立正确的企业营销策略，利用最新的技术和材料，生产出真正符合老年人要求的体育用品。其次，要采用薄利多销的销售手段，使得老年人体育用品市场不断得到更广阔的提升空间。例如，国内的一些知名体育品牌，应该提高老年人体育用品的市场占有率，不断推动老年人体育用品的发展。

（二）老年体育组织网络

老年体育组织网络是从上到下不断开展的，主要有中国老年人体育协会、县以上地区老年人体育协会、街道和乡镇老年人文化体育中心、城乡社区老年人健身活动站点和体育健身团队等，这些组织主要是通过对体育健身提供人力、物力、财力等方面的指导，不断推动老年体育健身活动的发展。

(三) 体育养老特色小镇

依赖于特色小镇中的山水田园等自然资源、文化资源等，正确定位体育养老特色小镇建设的市场战略，对各种各样的体育设施设备进行投资和完善，体育产业的公司和养老旅游的企业联合起来，相互合作，使得老年人的健康需求不断得到满足。例如，浙江平湖九龙山航空运动小镇就实行了特色旅游度假模式，使得产业链的价值不断得到提升。

(四) 社区体育养老产业

社区的养老主要是把体育健身设施作为基本条件，对于老年人的身心需要非常重视，对于现在存有的体育组织要进行充分的利用，还要请专门的体育人员对老年人的健身进行专业化指导，使得体育健身和养老产业得到延伸融合。

(五) 机构体育养老产业

因为老年人养老越来越依赖社会和市场，因此，机构养老产业得以出现并不断获得发展。再加上老年人对于体育文化的需要越来越明显，从而使得体育产业与养老产业不断融合发展起来。受到社会化和产业化的影响，体育产业与养老产业之间的融合效率不断得到提高，使得双方有了更多的合作机会。

延伸融合模式也有自身的一些缺点，例如，体育产业与养老产业更看重的是短时间内获得的收益，从而使得它们忽视了新产品的设计，最终不利于体育养老产品和服务的整体发展。

第五章　体育产业与其他产业的融合发展研究

随着经济全球化与体育全球推广的深入发展，体育产业得以飞速发展。为了更好地适应时代发展需求，体育产业呈现出融合发展的态势。这样不仅能够有效推动体育产业的可持续发展，而且还能够让其他相关产业得以进步，更加促进我国国民经济发展进程。本章主要讲解的是体育产业与创意产业、动漫产业、服务产业以及电竞产业的融合发展，深度剖析融合模式以及给出合理化政策建议，为更好地促进经济发展提出有效措施。

第一节　体育产业与创意产业的融合发展分析研究

一、创意产业概述

（一）创意产业的内涵

创意产业又可称为创意经济或文化创意产业，它是一种注重对人的创造性资源进行开发的产业。1912 年，熊彼特指出"现代经济发展的根本动力不是资本和劳动力，而是创新"①；1994 年，澳大利亚政府提出"创意国家"的思想；1998 年，英国首次提出"创意产业"这一理念，并将其作为国家发展的产业战略之一。此后，创意产业逐渐受到了世界各国的重视，并开始作为各国的支柱产业获得大力的扶持与发展。

虽然"创意产业"这一理念在 1998 年就被提了出来，并且之后也受到了世界各国的重视，但至今"创意产业"也未能形成一个相对明确且被世界各国普遍接受的定义。部分国家或国际组织对创意产业的定义，如表 5-1

---

① 张思宁. 创意性思维与创意产业发展研究 [J]. 商业时代，2012 (29)：2.

所示。

表 5-1 部分国家或国际组织对创意产业的定义

国家或国际组织	定义
联合国	创意产业是结合创意才华和先进技术的一系列基于知识的活动
英国	创意产业是源于个人创造性、技能与才干，通过开发和运用知识产权，具有创造财富和增加就业潜力的产业集群
中国	创意产业是以创新为手段，以文化内容和创意成果为核心，以知识产权实现为交易特征，为社会公众提供文化体验的具有内在联系的行业集群

从表 5-1 中我们能够看出，虽然不同国家或国际组织对创意产业的定义有所不同，但从整体上看，它们对创意产业的定义基本上都包含三个方面的要点：首先，创意产业形成的必要条件是人才和创造力；其次，创意产业形成的灵魂是知识（产权）；最后，创意产业不是一个单一的产业部门，而是一种融合多方面内容、具有多元化功能的产业集群。

（二）创意产业的特征

创意产业的特征主要有四个，分别为创意性、强关联性、高增值性以及高风险性。

1. 创意性

创意作为创意产业的核心要素，决定了创意性是创意产业最本质的特征。创意产业的创意性特征主要体现在两个方面：第一，产品的设计、开发、生产等环节的创意；第二，产品的经营、推广、销售等环节的创意。

2. 强关联性

从本质上说，创意产业是经济、科技、文化等相互交融的产物，在这三种因素的驱动下，它可以沿着产业价值链进行延伸，从而实现创意产业内部之间以及与城市之间的多维度关联，具体内容如图 5-1 所示。

·127·

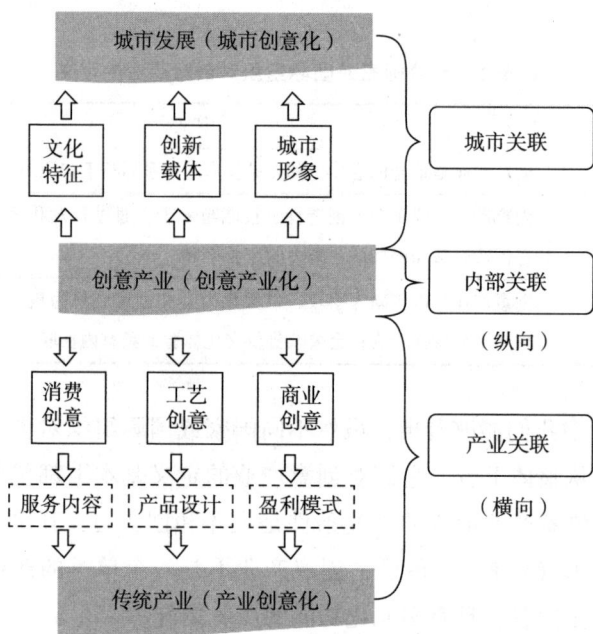

图 5-1   创意产业多维度关联

3. 高增值性

创意产业的高增值性主要体现在价值创造环节与价值实现环节上。就价值创造环节而言，创意产业通过将创意融入传统产品与服务的生产环节，赋予传统产品与服务新的体验，从而实现价值拓展与创造。

就价值实现环节而言，相较于传统产品与服务，创意产品与服务具有更高的效用价值，因为它能够更好地满足消费者对高科技、高文化含量产品与服务的需求，进而赋予创意产业更高的附加价值。

4. 高风险性

创意产业的高风险性主要体现在四个方面：第一，创意过程自身具有高风险性；第二，创意产业市场的不稳定性造成的风险；第三，知识溢出效应、创意扩散效应所引发的风险；第四，国际化竞争、区域化竞争带来的风险。

（三）创意产业的组织形式

创意产业组织形式的具体内容，如表 5-2 所示。

表 5-2　创意产业组织形式的具体内容

生产组织形式	单位	特点	追求目标
个体生产	分散的个体	松散、孤立	艺术价值
集体生产	协作的集体	简单分工、协作，具有灵活性	经济价值 艺术价值
社会结合生产	大型集团公司	分工深入、精细专业的团队合作、系统的社会化生产	利益最大化

二、体育产业与创意产业的融合动力

(一) 高关联度的产业特性

体育产业与创意产业都是产业关联性较强的产业。

就体育产业而言，体育产业所具有的多元性特征对其他产业有很强的带动作用，如体育产业与旅游等行业融合，形成了体育旅游等产业，在推动自身发展的同时，也有效地带动了相关产业的发展。

就创意产业而言，其具有丰富的内涵与外延，能够直接或间接带动旅游产业等关联产业的发展。因此，将体育产业与创意产业有机结合起来，在充分发挥这两大产业各自优势的基础上，实现"1+1>2"的经济与社会效益。

(二) 互补发展的市场需求

就体育产业而言，当下我国的体育产业还存在一些不足，比如产业规模小、产业结构不合理等。而创意产业在推动产业结构升级、提高产业的附加价值等方面具有巨大的优势。体育产业与创意产业融合，有助于体育产业借助创意产业的优势提升自身的附加价值、优化自身的产业结构。

就创意产业而言，创意产业在设计、开发出具体的版权内容后，需要借助一定的载体才能实现其自身的价值。而体育产业因具有康体健身、娱乐身心等功能，深受民众的喜爱，是创意产业所能选择的比较好的载体。创意产业与体育产业融合，有助于为创意产业的发展提供有效载体，从而推动创意产业的高速发展。

(三) 共同依赖的文化资源

文化资源是体育创意产业的核心，丰富的文化内涵能够有效提升体育产品的辐射力，进而提高体育产品的市场竞争力。所以，体育产业与创意产业都比较依赖于文化资源的开发与利用，这也为两大产业的融合提供了一定的动力。

（四）经济时代强化精神需求

随着社会经济的飞速发展，人们对精神文化产品的需求也在不断增加。就创意产业而言，其比较注重通过对创造性资源的开发来满足人民群众日益增长的体验性与娱乐性需求；就体育产业而言，随着人们对体育消费追求的改变，体育产业也开始朝着有效满足民众精神需求的方向发展，呈现出多样化、个性化等特征。所以，人们不断强化的精神需求所带来的消费方式的转变与升级，为体育产业与创意产业的融合提供了动力支持。

三、体育产业与创意产业的融合效应

（一）价值增值效应

在知识经济时代，创意能够给予体育产品与服务较高程度的文化支持，从而提高体育产业的附加价值，增强体育产业在市场中的竞争力。

体育产业与创意产业融合的价值增值效应主要体现在三个方面：提升体育产业的附加值、优化用户的消费体验、突出体育产品与服务的差异化。

1. 提升体育产业附加值

创意产业所具有的特性决定其能够赋予体育产品与服务一定程度的文化内蕴、创意构思等，从而为体育产品与服务的价值创新提供动力支持，提升体育产业的附加值。

2. 优化用户的消费体验

随着社会经济的持续高速发展，人们的消费需求、消费方式、消费结构等都发生了巨大变化。体育产业与创意产业融合后，以消费者的参与、体验为出发点，通过体育赛事包装等创意策划，为消费者提供多元化的体育产品与服务，在满足消费者精神追求的同时，也有效地优化了他们的消费体验。

3. 突出体育产品与服务差异

在体育产品与服务的设计、研发等环节中融入创意元素，能够在很大程度上强化消费者在体验、交流情趣等方面的感受，在满足消费者个性化消费需求的同时，也凸显了体育产业与创意产业融合后体育产品与服务的差异化。

（二）创新效应

体育产业与创意产业的融合为体育产业的发展注入了很多创意元素，推动了体育产业的创新发展。这主要体现在三个方面：第一，产品与服务创新，如体育赛事的重组与再包装等；第二，业态创新，创意产业通过全新的发展模式，对体育产业加以改造或重组，在推动体育产业发展的同时，也会形成一些全新的业态，如体育旅游产业等；第三，商业模式创新，这两大产业的融合能够推动体育产业价值网络的重构，进而促进其商业模式的创新。

（三）产业链延伸效应

体育产业与创意产业融合后，创意产业为体育产业的发展提供了巨大的动力支持，不仅丰富了体育产业的内涵，而且延长了体育产业的产业链。此外，体育产业链条上的各环节通过与创意产业中的创意元素进行融合，推动体育产业朝着价值链高端的方向发展，提升了体育产品与服务的附加价值，进而提高了体育产业的市场竞争力。

（四）渗透效应

创意产业丰富的内涵与外延决定了其具有极强的渗透力，可以与不同的产业、部门之间产生渗透作用，而体育产业所具有的开放性与融合性也决定了其具有渗透性。体育产业与创意产业所具有的渗透性，使得这两大产业之间存在巨大的渗透空间。以体育竞技活动为例，在体育竞技活动的策划与开展过程中融入创意元素，不仅能够带动相关产业的发展，而且能够反过来扩展创意产业的市场空间。

四、体育产业与创意产业的融合模式

体育产业与创意产业的融合模式主要有三种，分别为延伸型融合、渗透型融合和重构型融合。

（一）延伸型融合模式

所谓延伸型融合，主要是指体育产业通过融入创意产业的相关元素，在拓展上下游产业链的基础上，扩大了体育产业的发展空间，进而创造出更多的附加价值，如运动体验店、体育创意园区等。以运动体验店为例，在运动体验店中融合设计与创新元素，不仅能够为消费者营造出一种娱乐性与享受性的氛围，而且能够给消费者带来一种比较特殊的体验，激发消费者内心潜在的消费需求，从而提高产品的附加价值。

（二）渗透型融合模式

渗透型融合模式主要是指体育产业与创意产业之间相互渗透，在体现各自元素与内容的同时，实现优势互补的融合模式。体育产业与创意产业之间的渗透型融合有两种类型：一种是单一型的渗透融合，比如在体育产品与服务的设计中加入诸多的创意元素；另一种是复合型的渗透融合，比如体育产业的产品研发、市场营销等产业链各环节与创意产业的融合。

（三）重构型融合模式

所谓重构型融合模式，主要是指体育产业与创意产业之间通过全方位的融合，形成一个全新的产业业态的融合模式，比如电子竞技体育产业、体育动漫产业等。以电子竞技体育产业为例，电子竞技体育产业是体育产业与创意产业、信息产业等深度融合的产物，拓宽了体育产业的布局，形成了一条全新的产业价值链。[①]

五、体育产业与创意产业融合发展的政策建议

（一）完善推动我国体育创意产业发展的政策体系

体育产业与创意产业在融合的过程中会突破传统的产业界限，并催生出全新的产业业态，这就需要政府与相关部门完善推动我国体育创意产业发展的政策体系，为这两大产业的融合发展提供有力的政策支持。

完善推动我国体育创意产业发展的政策体系需要从四个方面着手：第一，加大对体育活动商标等知识产权的保护力度；第二，建立健全人才培训机构，尤其要重视对体育创意产业复合型人才的培养；第三，完善相关的规章制度，为体育创意产业的发展提供正确的导向；第四，继续出台支持体育创意产业发展的优惠政策，并认真贯彻落实。

（二）构建开放协作创新的体育创意产业体系

构建开放协作创新的体育创意产业体系主要从三个方面着手：第一，完

---

① 陈博. 多元视角下体育产业的融合发展研究 [M]. 北京：中国经济出版社，2020.

善体育创意产业链条，通过大力推动体育创意设计等新型产业的发展、加快创意元素在体育产业中的融合与应用来推动体育创意产业的发展；第二，建立统计监测体系，准确反映体育产业与创意产业融合的发展情况与动态；第三，建立健全信息支撑体系，推动相关信息和通用技术的开发与应用，为体育产业与创意产业的融合发展提供有力的信息支持。

(三) 打破体育产业与创意产业融合发展壁垒

当下，虽然我国的体育产业有了显著的发展，也取得了一定的成效，但在体育产业发展的过程中依然存在诸多问题，其中最突出的就是"多头管理"，比如体育赛事资源由体育主管部门管理、体育影视由广电部门管理等，这些因素都在一定程度上制约了这两大产业融合的长足发展。因此，要进一步打破体育产业与创意产业融合发展的壁垒，通过降低相关企业的市场准入门槛、提高体育产业与创意产业的市场化程度、减少行政干预等，来激活体育产业与创意产业的融合活力。

第二节　体育产业与动漫产业的融合发展分析研究

一、动漫产业概述

(一) 动漫产业的概念

2006 年，我国原信息产业部所发布的《关于推动我国动漫产业发展的若干意见》首次对动漫产业的概念进行了完整的陈述，即动漫产业是指以"创意"为核心元素，以动画、漫画为表现形式，包含对动漫电影、电视等动漫产品的开发、生产、销售等，以及与动漫形象有关的服装、电子游戏等衍生产品的生产和经营的产业。

在英国，动漫产业属于创意产业的范畴，是创意产业的重要组成部分。而前文中提到，英国将创意产业定义为"源于个人创造性、技能与才干，以对知识产权的开发与运用为基础，能够创造财富并增加就业潜力的产业集群"。根据这一定义，英国政府将当时的广告、电影、电视广播、设计、出版等 13 个行业确立为创意产业，虽然这里未提到动漫、动画等内容，但从创意产业的定义以及其所涉及的领域来看，动漫产业不仅包括在内，而且与这

13 个行业中的绝大多数行业都有着密切的联系，甚至可以说，动漫产业是创意产业中最重要的内容。

虽然不同的国家和地区对动漫产业的定义有一定的差别，但仔细分析后就能发现，它们都包含两个关键词：创意与技术。其中，创意是动漫产业的核心要素，它决定了动漫产业是否具有高附加值；技术为动漫产业的发展提供了有力的支撑，使动漫产业摆脱了传统的用笔描绘、用电视播放等狭隘的发展手段，与高新技术的紧密相连使得动漫产业的内容与形式更加多元化，从而拓展了动漫产业的发展空间、提高了动漫产业的市场竞争力。

(二) 动漫产品

现代意义上的动漫产品已不再局限于传统意义上的动画片、漫画书，而是有了更加宽泛的内涵，如图 5-2 所示。动漫产品所涉及的内容可以从三个方面理解：第一，基于创意元素产生的漫画、动画等有知识产权的原创人物及作品本身的直接播出发行市场和版权市场，诸如动画片、动漫音像制品等；第二，依靠动漫作品衍生出来的市场，诸如以动漫形象为图案的日常用品等；第三，借助动漫产品的创意形成的相对独立的产品，诸如动漫主题公园等。

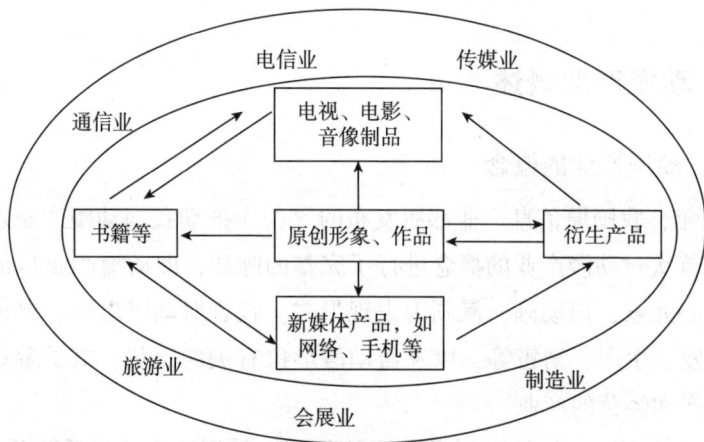

图 5-2　动漫产品关系

随着现代信息技术的不断发展，作为动漫产业发展的基础，动漫产品的内容与形式也会不断更新，从而为动漫产业的发展提供更有力的支撑。再加上动漫产业本身所具有的开放性，我们有理由相信，动漫产业通过与其他产业的融合，其外延将不断延伸，发展空间也将不断拓展。

（三）动漫产业价值链

1. 动漫产业价值链的一般表现

动漫产业价值链是基于创意元素，以具体的作品为载体，通过构思、开发和生产，将创意元素转化为作品、产品，再通过创意产品的销售来实现动漫产品的经济价值和社会价值，这也是动漫产业价值链的一般表现，如图5-3所示。

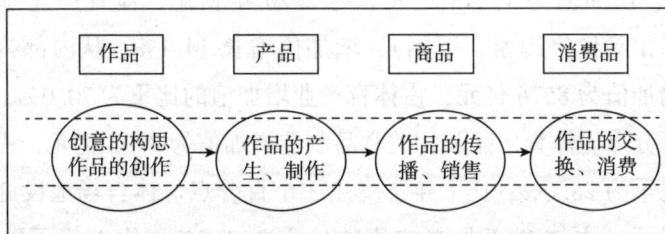

图5-3 动漫产业价值链的一般表现

2. 动漫产业价值链的价值表现

动漫产业价值链的价值表现主要包括三个方面的内容：原创价值、制作价值、传播价值。其中，原创价值主要是指动漫产业价值链核心竞争力的形成是由创意决定的，只有引人入胜的创意、主题或构想才能使后续环节的价值增值成为可能；制作价值主要体现在将市场中潜在的价值较大或者比较受消费者喜爱的创意、构想制作成具体的作品实体，诸如动漫影视、动漫电子游戏等，从而使增加动漫产业的附加价值成为可能；传播价值主要体现在将形式多样的制作成品通过媒体平台进行传播所形成的价值增值。

二、体育产业与动漫产业的融合分析

（一）体育产业与动漫产业融合的必要性

分析体育产业与动漫产业融合的必要性，就要对体育产业与动漫产业的发展情况有深入的了解。体育产业与动漫产业都属于我国朝阳产业的重要组成部分，虽然它们目前还处于发展的初期阶段，但在国家政策的支持下，也已取得了一定的成就。

就体育产业而言，国家体育总局发布的《"十四五"体育发展规划》指出，在"十三五"期间，我国体育发展取得显著成就。2020年底，我国人均体育场地面积达到 2.2 平方米，每千人拥有社会体育指导员数超过 1.86名，经常参加体育锻炼人数比例达到 37.2%。体育产业在国民经济中的地位和作用显著提升，2015—2019 年全国体育产业总规模从 1.71 万亿元跃升至2.95 万亿元，年均增长率达 14.6%；2019 年底，全国体育产业法人单位达28.9 万个，体育产业从业人员 505.1 万人；产业结构不断优化，体育与相关产业融合愈加紧密。① 经核算，2021 年全国体育产业总规模（总产出）为31175 亿元，增加值为 12245 亿元。与 2020 年相比，体育产业总产出增长13.9%（未扣除价格因素，下同），增加值增长 14.1%。从内部构成看，体育服务业增加值为 8576 亿元，占体育产业增加值的比重为 70.0%，比上年提高 1.3 个百分点。体育用品及相关产品制造增加值为 3433 亿元，占体育产业增加值的比重为 28.0%，比上年下降 1.3 个百分点。体育场地设施建设增加值为 236 亿元，占体育产业增加值的比重为 1.9%，比上年下降 0.1 个百分点。②

就动漫产业而言，2022 年，中国动漫产业总产值突破 2212 亿元，有近千家内容链条公司活跃在一线，中国动画已经成为全民动画。③

体育产业与动漫产业在快速发展的同时，也出现了一些问题。

就体育产业而言，其在发展中存在的问题主要表现在六个方面：第一，产业发展不平衡，这种不平衡主要体现在地域发展、产业内部子产业之间；第二，产业结构不合理，这种不合理主要体现在产品结构单一、产品质量不高、市场规模较小等方面；第三，市场主体构成不成熟，主要体现为体育产品的生产者、经营者、消费者之间比例关系的不协调；第四，市场管理体系不健全，法制化、规范化程度低；第五，体育产业的有效投入有限，阻碍了体育产业规模的拓展；第六，人才培养机制不健全，缺乏推动体育产业发展的复合型人才。

就动漫产业而言，其在发展中存在的问题也表现在六个方面：第一，创

---

① 资料来源：国家体育总局——"十四五"体育发展规划。https：//www. sport. gov. cn/n315/n330/c23655706/content. html.

② 资料来源：2021 年全国体育产业总规模与增加值数据公告。https：//www. sport. gov. cn/jjs/n5039/c25062819/content. html.

③ 资料来源：2200 亿＋背后《中国奇谭》爆火启示录。https：//www. nbd. com. cn/articles/2023－01－16/2635865. html.

意元素不足，缺乏原创作品；第二，产品的市场定位不合理；第三，产业链不完整，难以形成结构完整的产业链；第四，政策大于市场，主要体现为动漫产业的发展多以政策为导向，受市场需求影响有限；第五，动漫产业的资金投入不足，阻碍动漫产业规模的扩展；第六，人才匮乏，知识产权体系不健全。

体育产业与动漫产业在发展中所出现的问题，已对这两大产业的发展造成了非常不利的影响。通过分析可知，有些问题可通过政策干预来解决，诸如资金投入不足、融资困难等；而有些问题则需要依靠产业自身的调整来解决，诸如产业结构不合理、市场规模小、产业链不完整等，此时就需要借助产业之间的融合来加以调整和解决。例如，一些电子竞技产品的开发，因为其本身既是一种体育运动产品，又属于动漫产业的范畴，所以若仅仅熟悉运动规则与技巧，或只通晓动漫游戏研发，都无法完成最终的开发。而体育产业与动漫产业的融合则能够有效地激发双边产业的既有活跃因素和潜在的发展因素，使它们在充分发挥自身优势的同时，还能够实现优势互补。因此，体育产业与动漫产业的融合是必要的。

（二）体育产业与动漫产业融合的可行性

体育产业具有产业边界模糊、产业包容性强、产业渗透性强等特点，使得动漫产业中的相关企业能够轻易地进入体育产业领域，而体育产业和动漫产业在技术、功能等方面存在通用性，又使得这两大产业的融合充满了可行性。体育产业能够为动漫创作提供丰富的内容素材，反过来，借助动漫产品，体育产业又能得到有效的推广，进而拓展自身的发展空间。因此，体育产业与动漫产业之间的融合是可行的。

三、体育动漫产业融合发展的影响因素与发展机遇

体育产业与动漫产业在技术、功能等方面存在通用性，使得这两大产业在具备了可融合的动力与条件后，借助产品、服务等生产要素融合在一起，形成了新的产业业态，即体育动漫产业。我国的体育动漫产业起步较晚，受制于多方面因素，发展速度也较为缓慢，但随着我国社会经济的快速发展，体育动漫产业的发展有着诸多的机遇。

（一）影响因素

影响我国体育动漫产业发展的因素主要有四个，分别是资金、人才、政策和消费人群。就资金方面而言，资金是体育动漫产业发展的首要影响因素，没有雄厚的资金支持，体育动漫产业的很多附属性内容都无法得到有效的开发，产业链也就无法形成，进而会导致体育动漫产业无法生存下来；就人才方面而言，体育动漫产业产品设计、研发的基础是人才，可以说，人才是体育动漫产业发展的不竭动力和支柱力量；就政策方面而言，体育动漫产业的发展离不开国家政策的支持，国家制定的相关政策能够为体育动漫产业的发展提供有力保障；就消费人群方面而言，产品受众的多少在很大程度上决定产品的发展前景，生产出来的产品只有被消费者消费了，才能实现其自身的价值，进而为生产者与经营者带来相应的收益，所以说消费人群也影响着我国体育动漫产业的发展。

（二）发展机遇

我国体育动漫产业发展的机遇主要体现在以下四个方面：

第一，从国际背景来看，随着经济全球化的深入发展，国际间的交流与合作日益加强，这为我国体育动漫产业的"引进来"和"走出去"提供了一个良好的平台。

第二，随着我国对体育动漫产业认识的逐步深入，政府在资金、政策等方面对体育动漫产业的支持力度将会越来越大，在规章制度方面也会更加规范化、科学化，这将为体育动漫产业的发展营造一个有利的发展环境。

第三，我国有1900多所高校开设动漫专业，再加上社会上有关体育动漫的培训机构越来越多、越来越专业，将为我国体育动漫产业的发展提供充足的人才储备。

第四，根据相关统计，我国动漫产品消费者近6亿人，这是世界上最具潜力、最大的动漫消费市场，能够为我国体育动漫产业的发展提供广阔的市场空间。①

---

① 陈博.多元视角下体育产业的融合发展研究［M］.北京：中国经济出版社，2020.

第三节　体育产业与健康服务业的融合发展分析研究

一、健康服务业的概念与类型

（一）健康产业的概念与类型

1. 健康产业的概念

健康产业是指以"健康"为中心展开服务的、包括医疗卫生产业在内的一切产业的集合，属于为保障人民身体健康而开展产品经营、服务提供、信息传播等活动的经济领域。作为一种新兴产业，健康产业目前涉及医药、保健、健康监管等多个与健康息息相关的服务领域，其经营活动可分为产品制造、服务提供两种类型。

2. 健康产业的类型

按照《深圳健康产业发展报告》的分类方法，可将健康产业分为健康食品药品产业、健康用品产业和现代健康服务产业。其中，健康食品药品产业包括保健食品业、营养强化食品业、药品业、有机食品业等；健康用品产业包括健康器械业、医疗器械业、化妆品业、具有健康功能的纺织品业等；现代健康服务产业包括养生保健服务业、医疗健康服务业、健康管理业、健康教育与促进业、生物技术健康服务业等。

（二）健康服务业的概念与类型

1. 健康服务业的概念

健康服务业属于健康产业的一个分支，是指为社会提供医疗卫生服务产品的要素、活动、社会关系的总和，以预防和治疗疾病、保障人民身体健康、提高全民身体素质为目标，具体包括健康管理、医疗服务、营养保健、健康教育培训等细分领域，涉及药品、保健品、医疗器械等具体内容。

2. 健康服务业的类型

健康服务业主要包括疾病治疗型服务和健康维持型服务两种类型，并在此基础上形成了四类行业群体，如图5-4所示，具体包括：①以医院、卫生院为主体的医疗服务业；②以生活护理、妇幼保健、老年护理为主题的保健护理业；③以健康监测评估、咨询服务、健康干预为主题的健康管理业；

④以美容院、美发店为主体的美容美发业。

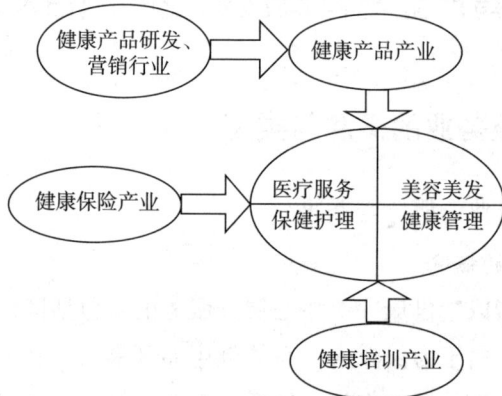

图 5-4　健康服务的分类

二、体育产业与健康服务业的融合逻辑

（一）体育产业与健康服务业融合发展的必要性

作为我国的新兴产业，体育产业凭借其产业关联性较强的优势不断朝着更加广阔的方向发展，具体表现为其他产业与体育产业融合而生的新型业态大量增加，由此衍生出的新产品和新服务逐渐成为体育产业提升竞争力的重要法宝。在各种与体育产业相关联的产业中，健康服务业在健康评估、健康管理、健康养护等方面所发挥的作用，对体育服务产品的开发具有重要意义。无论是职业体育的康复训练、机能调理，还是群众体育的健康监管、疾病预防，都是健康服务业的职责所在。可以说，体育产业在一定程度上为健康服务业增加了市场需求，而健康服务业的发展又为体育产业相关消费者提供了安全方面的保障，这种相互作用最终促使两个产业共同打造新产品和新服务以满足市场新需求，两个产业的核心竞争力也随之提高。

（二）体育产业与健康服务业融合发展的可行性

1. 历史溯源

20 世纪 70 年代，"健康体育"作为一个产业概念正式面世，但实际上在体育产业获得较快发展（20 世纪 90 年代）之前，健康体育产业的发展都极为缓慢。健康体育产业是基于经济发展不平衡、贫富差距加大、工业生产带来严重环境污染等一系列社会背景形成的，最初只是一种依赖式、混合式的产业类型。与职业体育产业相比，健康体育产业起步早、发展慢、经济利益小、科研人员少，仍有极大的发展空间。

随着经济的不断发展、人民群众健康意识的不断增强，体育产业和健康服务业必然能够获得更进一步的发展，而由两者融合发展所生成的新型业态——运动健康服务业，则极有可能作为一种新的产业方式成为体育产业中的主导产业，体现出极高的社会潜在价值。

2. 产业链对比

对体育产业和健康服务业各自的产业链进行对比，有助于找到两个产业资源整合的依据，证实产业融合发展的可行性，如表5-3所示。

表5-3 体育产业与健康服务业的产业链对比

类别	体育产业	健康服务业
核心产业	体育组织管理活动、体育健身休闲活动	医疗服务、健康管理与促进、健康养生
外围产业	体育中介、其他体育服务业活动	健康保险、健康教育与促进、其他健康服务活动
相关产业	体育用品制造、体育场馆建筑	药品医疗器械、保健品、健身用品、食品

由表5-3可知，健康服务业的目的在于治疗疾病、改善人们的亚健康状态，体育产业则是为了预防人们陷入疾病或亚健康状态，两者都是为维护人们的身心健康而服务的。健康服务业可以为体育产业提供专业的医疗服务和数据监控，体育产业又能反过来巩固健康服务业的服务效果，两者存在相互促进、互为支撑的关系，具有坚实的融合基础。

3. 共性探讨

体育产业和健康服务业同属朝阳产业且同以"健康"为目标，其中必然存在较多的共通之处。下面将从目标受众、目的、手段、资源等角度对两者进行对比，通过找出两者的共性，为产业的融合发展奠定基础。

（1）体育产业

体育产业的目标受众、目的、手段、资源如表5-4所示。

表 5-4　体育产业概况分析

要素		内容
目标受众		运动爱好者、健身人群、身体状况有待改善者
目的		健身、休闲、娱乐、增进健康、提高生命质量
手段		参加体育运动，观看体育比赛，以参与和体验为主
资源	核心资源	职业及业余体育赛事、健身休闲娱乐活动
	外围资源	体育中介、其他体育服务活动
	延伸资源	养生保健、运动处方、运动医学、体育旅游

（2）健康服务业

健康服务的目标受众、目的、手段、资源如表 5-5 所示。

表 5-5　健康服务业概况分析

要素		内容
目标受众		疾病患者、亚健康人群、身体状况有待改善者
目的		治疗、康复、养护、促进健康、提高生活质量
手段		医疗、健康管理、运动健身，以治疗养护与监管为主
资源	核心资源	医疗机构、康复中心、医疗信息管理、健康体检中心
	外围资源	健康保险、健康教育
	延伸资源	运动指导、膳食保健、护理养老、健康旅游

（3）共性分析

由表 5-4 和表 5-5 可知，体育产业和健康服务业的目标受众均为追求健康需求的人；两者均需借助科学的医疗手段和运动方式来达到提高生命质量、维持身体健康的目的；在资源方面，体育产业和健康服务业均对医学、保险、培训、中介、旅游等领域有所涉及。因此，只要对体育产业和健康服务业的共通之处加以正确利用，两者的融合必然能够带来更大的社会效益和经济效益。

（三）体育产业与健康服务业融合发展的意义

从国务院颁布的一系列促进服务业发展的政策来看，我国政府支持体育产业和健康服务业发展的政策导向性十分明显。2013 年，《国务院关于促进健康服务业发展的若干意见》明确指出，要创新发展方式，加快健康服务业与相关产业的协调发展。2014 年，《国务院关于加快发展体育产业促进体育消费的若干意见》要求尽快实现体育产业的多业态发展，争取到 2025 年体育产业总规模超过 5 万亿元，使体育产业成为推动经济社会持续发展的重要力量。

经济的快速发展为我国的体育产业和健康服务业带来了诸多发展机遇，人均收入的增加、人们精神需求的增长均对体育消费和健康服务消费起到了巨大的刺激作用。两者的融合发展有助于进一步完善个性化、人性化、多元化的服务，对市场开拓、资源的优化配置、产业结构的调整均有重要的现实意义。

（四）体育产业与健康服务业融合发展的价值

传统医疗卫生服务业的目标受众仅限于患病之人，服务特殊性较强，市场需求整体不大。相比之下，现代健康服务业的目标人群更加广泛，无论受众的身体状况是健康、亚健康还是不健康，只要其对健康有所追求，健康服务业便都能为之提供相应服务。健康服务业的出发点在于让健康的人保持健康、让亚健康的人更加健康、让不健康的人重获健康，可以说，健康服务业所惠及的受众人群辐射整个社会，因此具有极大的发展空间，并能够产生巨大的经济效益和社会效益。

根据国家卫健委统计数据显示，2019 年，我国健康服务业总规模为 7.01 万亿元，占 GDP 比重为 7.08%。近两年健康服务业占 GDP 比重并未发生较大变动，经初步统计，我国健康服务业市场规模在 2021 年已突破 8 万亿元。[①]

体育产业和健康服务业均与国民经济密切相关，具有较强的关联效应和较大的市场需求潜力，促进两者的融合发展有助于优化资源配置，延伸产业链，对推动国民经济的又好又快发展具有重要的作用。

三、新业态受众对象与产品特征

（一）受众对象

按照我国常规的年龄划分方式，可将人的生命周期分为 5 个阶段，即童

[①]　资料来源：预见 2022：《2022 年中国健康服务行业全景图谱》。https://baijiahao.baidu.com/s？id=1746371243772140464&wfr=spider&for=pc

年、少年、青年、中年和老年阶段。了解受众对象在不同年龄阶段的特征（包括生理特征和心理特征），有助于为其建立全面的健康数据档案并进行跟踪管理，使其能够维持在最佳的生命状态。

1. 童年阶段（0~6岁）

该阶段的人群处于成长发育期，也是进行生命塑造的最关键时期。儿童的学习能力、模仿能力和接受能力普遍较强，因此，可通过健康教育和体育游戏对其进行健康意识、体能素养等方面的熏陶。针对这一群体的健康服务内容包括健康档案的建立、健康喂养、健康生活习惯的养成、初级体育锻炼指导、婴幼儿体育游戏等。

2. 少年阶段（7~17岁）

该阶段的人群处于成长的关键时期，对健康和营养的需求极为迫切。当前我国少年群体普遍存在体重持续升高并趋于肥胖、视力不断下降、逆反心理严重、挑食厌食、体质下滑等一系列问题。针对这一群体，应采取以运动健身与生活指导为主的健康服务方式，同时对其展开心理健康教育，并提供针对性检查与膳食指导服务。

3. 青年阶段（18~40岁）

该阶段的人群处于学业和事业的上升期与成熟期，对健康的需求主要体现在休闲健身和健康体检两个方面。我国的青年群体目前普遍存在心理压力过大、亚健康、肥胖等问题，对此应进行相应的心理健康引导治疗和针对性的体育健身指导。针对这一群体的具体服务领域包括心理健康和社会健康引导、健康体检、休闲健身体育运动指导等。

4. 中年阶段（41~60岁）

该阶段的人群处于人生的稳定期，对健康的需求主要体现在对职业病和慢性病的预防与治疗、对生活习惯的调整、健身保健等方面。中年群体的事业大多已稳定，处于"既有钱又有闲"的生活状态中，因此更加注重对健康的追求和对亚健康的治疗。针对这一群体的健康服务主要包括健康体检和疾病治疗、亚健康的调整与改善、生活方式的调整、保健及健身等。

5. 老年阶段（60岁以后）

该阶段人群对健康的需求是最为迫切的，由于老年群体的机体免疫能力逐渐减弱，各类慢性疾病对人体的影响开始显现，因此他们对健康的需求主要集中在疾病的预防与治疗、养生保健、延年益寿等方面。针对这一群体的健康服务主要包括慢性病的检查与控制、心理调控、运动指导与营养保健、生活起居知识的普及、健康活动的组织等。

无论处于哪个年龄阶段，都离不开科学合理的健康管理。根据健康管理的相关数据对身体状况进行"实时监控"，既有助于及时调整生活方式、预防疾病，也能够确保人们的生理和心理始终处于积极、健康的状态中，以最大限度地享受生活的乐趣。

（二）产品特征

推动体育产业与健康服务业的融合发展，既能够满足人民群众对健康的迫切需求，也有利于体育消费市场和健康服务市场的持续繁荣。从产业自身角度来看，国民身体素质的不断下滑为其提供了强烈的需求刺激，也使这两大产业的融合发展承担着十分重要的使命。因此，体育产业与健康服务业融合而生的产品与服务必须基于生命全覆盖的理念，体现出对人民群众的多维度关怀和更多的"生命"元素，为国民健康保驾护航。

针对不同年龄阶段的人群，体育产业与健康服务业所提供的新业态产品和新业态服务也应具备不同的侧重点，具体如表5-6所示。

表5-6　针对不同年龄段的新业态产品特征与服务特征

年龄段	产品特征	服务特征
童年和少年阶段	从生理服务扩大到心理服务	做好体育兴趣方面的启蒙教育，对少年儿童进行健康意识的熏陶
青年阶段	注重对压力的释放和排解	加强对运动技能、运动素养、运动精神的培养，并辅以心理健康教育和社会健康教育
中年阶段	注重提升生活品质和生命质量	制定运动处方，加强对亚健康的调节与治疗，辅以健康的饮食计划
老年阶段	注重精神上的放松	强调健身与养生，普及健康生活起居知识，定期举办健康资讯宣讲活动

四、体育产业与健康服务业的融合发展策略

（一）构建理论体系框架

理论体系框架的构建可以从宏观、中观、微观三个层面进行。

1. 宏观层面

宏观层面是指根据体育产业和健康服务业发布的政策法规，对两者的融合发展进行细化研究，积极推进两大产业多部门、多业态的相互渗透，延伸产业价值链，拓展各自的功能与价值，最终实现产业的内涵式发展。

2. 中观层面

中观层面包括发挥市场的主体作用，激发市场活力，同时推进基层产业组织的形成，探索多元主体共同带动产业发展的可行性，对由体育产业与健康服务业共同构成的体育协会和中介组织进行理论研究。

3. 微观层面

对体育产业和健康服务业融合而生的产品和服务进行全方位研究，争取发挥新技术、新材料、新观念的作用，推出更多产品与服务的组合，提升资源空间，创新发展模式，提高市场占有率。

（二）推进发展理念的融合

推进体育产业和健康服务业发展理念的融合，是对健康服务业内涵的继承与发扬。现代健康服务业应努力丰富自身的产业内涵，朝着更加广阔的未来前进。发展理念的一致性是体育产业与健康服务业协调融合的先决条件，也是提升生命质量的本质特征。因此，既要积极拓展健康服务业的服务功能，包括从治病到防病、从生理服务到心理服务、从技术服务到社会服务等，也要加强体育产业部门的服务意识，打造高附加值的新业态，并主动向健康服务业的相关领域延伸，实现产业的融合发展。两个产业应在各自优势和高度关联的基础上展开合作，为产业发展开拓新的视域。

（三）打造体育产业新业态

作为体育产业与健康服务业的交叉产业，运动健康服务业已基本满足产业构成的基本要素：一是一定量可供交换的、以运动健康为主题的综合性服务产品；二是为市场提供商品的卖方，即体育服务机构和医疗服务机构；三是具备支付能力的商品需求者，如疾病患者、健身爱好者等。由此可见，运动健康服务业已具备商品、供给、需求三个最基本的市场要素，是一个客观存在的新兴产业形态。此外，与体育产业和健康服务业相比，运动健康服务业的整合性特征更加明显，在运动技能培训、运动休闲娱乐、运动康复调理等方面均具有独特的行业特征。

根据现有研究成果，可对运动健康服务业作出如下界定：以体育产业为核心，以健康服务业为补充，以提高生活品质、提升生命质量、打造健康生活方式为目的，基于对人类的生命关怀而对体育、健康相关产品及服务进行推广的产业集合，具体包括运动健身与养生、运动医疗与康复、运动健康调理、运动健康管理、运动健身保健用品等，如图5-5所示。

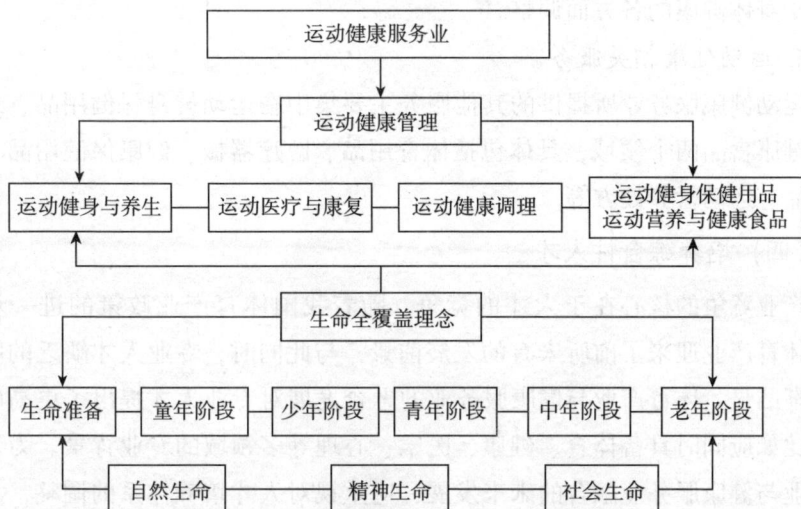

图5-5　运动健康服务业的分类

1. 运动健身与养生

运动健身与养生业以体育项目和养生之道为载体，以恢复人体健康为内容，以提高生命质量、培养良好生活方式为目的，主要负责经营体育休闲娱乐、传统中医与传统体育养生等项目，其中涉及各种类型的有氧运动和无氧运动、传统中医药学、传统体育养生等。

2. 运动医疗与康复

运动医疗与康复业以特色运动体疗和运动医学为手段，以促进人体康复、提高身体素质为目的，以中西医结合为主要特色，通过运用运动医学和临床医学等方面的知识，为消费者提供运动康复指导、运动处方等服务。

3. 运动健康调理

运动健康调理业通过开设体育文化类、健康教育类课程，来为消费者提供有利于放松身心、排遣压力、释放情绪、调控心理的健康咨询类服务，目的在于预防消费者产生心理疾病，有助于在维持消费者身心平衡的同时，督促其养成良好的生活习惯。

4. 运动健康管理

运动健康管理业依托于网络平台和信息管理软件，通过建立健康档案，为消费者提供健康信息管理、运动信息管理、体质测试、健康体检、运动健康信息咨询等服务，有助于消费者随时了解自己的身体状况，及时做出有利于身体健康的各方面调整。

5. 运动健康相关服务

运动健康服务业所提供的其他服务主要集中在运动健身保健用品、运动营养健康食品两个领域，具体包括体育用品、医疗器械、健康保健用品、健康食品、运动营养处方等。

（四）培养综合性人才

产业竞争的核心在于人才的竞争。随着我国体育产业政策的进一步完善，体育产业迎来了前所未有的发展前景，与此同时，专业人才缺乏的问题也逐渐凸显。体育产业与健康服务业的融合发展对专业人才提出了更高的要求，比如应同时具备体育、健康、医学、心理等多领域的专业背景。为了体育产业与健康服务业融合的未来发展，应重视对人才培养体系的调整，大力培养专业技能过硬、知识储备丰富的高素质人才。[①]

第四节　体育产业与电竞产业的融合发展分析研究

一、电子竞技体育产业概述

（一）电子竞技的概念

所谓电子竞技，主要是指凭借电子信息化的硬件设备与相辅相成的系统及核心软件，在虚拟的环境中，遵循一定的安排和规则，所进行的一种对抗性电子体育运动。

相较于传统的游戏运动，电子竞技有两个基本特征：一是电子；二是竞技。其中，"电子"主要指电子竞技的顺利进行需要借助相应的电子设备与

---

① 陈博. 多元视角下体育产业的融合发展研究 [M]. 北京：中国经济出版社，2020.

核心软件,通俗来讲就是传统游戏运动中的器材与场地;"竞技"主要指电子竞技是一项具有对抗性的运动,也是其体育性本质的表现。

（二）电子竞技体育产业的概念

电子竞技体育产业是包括电子竞技游戏的开发与运营、电子竞技运动载体的硬件产业、电子竞技游戏的转播等在内的产业集合。

（三）电子竞技与体育运动的关系

2003年,国家体育总局正式批准将电子竞技列为第99个正式体育竞赛项目;2008年,国家体育总局又将电子竞技改批为第78号正式体育竞赛项目。国家体育总局对电子竞技的态度已然证明了电子竞技与体育运动之间的密切关系。

根据艾伦·格特曼体育模型中对运动的定义也能够理解电子竞技与体育运动的关系,艾伦·格特曼的体育模型,如图5-6所示。

PLAY

自发游戏　　　　　　　　有组织游戏
Spontancous play　　　Organized play（GAMES）

非竞争性游戏　　　　　　竞争性游戏
Non-competitive Games　　Competitive Games（CONTESTS）

智力竞赛　　　　　　　　体力竞赛
Intellectual Contests（SPORTS）　　Physical Contests

图5-6 艾伦·格特曼的体育模型

将电子竞技放入艾伦·格特曼的体育模型中,我们能够发现电子竞技本身就是一种体育运动。正如上文所述,电子竞技是借助电子信息化的硬件设备及核心软件所进行的一种对抗性电子体育运动,它既符合艾伦·格特曼体育模型中关于GAMES的描述,又符合CONTESTS的要求。具体来说,电子竞技过程是一个"竞技"的过程,符合体育运动的属性;电子竞技的过程中需要脑力、肌肉群等的参与,也符合体育运动的要求;此外,电子竞技过程中还需要一定的技术、战略支撑以及团队之间的协作等,这些也都与体育运动的要求一致。所以,电子竞技与体育运动之间有着密切联系。电子竞技当下已成为体育运动的重要组成部分。

二、我国电子竞技体育产业概述

（一）我国电子竞技体育产业链的构成

我国电子竞技体育产业链的构成，如图 5-7 所示。电子竞技体育产业的主导方在主管部门的审核监督下，掌控着电子竞技游戏的开发、运营、赛事举办等下游的相关产业，可以说是整个电子竞技体育产业链的决策者。电子竞技体育产业的广告主是整个产业链的核心力量，其在电子竞技体育产业链中的作用主要体现在两个方面：一方面，广告主能够通过投资来影响主导方对下游相关产业的控制；另一方面，广告主通过在电子竞技游戏平台、赛事中植入广告获得经济效益，而媒体则会进一步扩大宣传力度，吸引更多的电竞受众参与其中，广告主在看到潜在市场时会积极参与到电子竞技产业的发展过程中来，进而推动电子竞技体育产业的发展。

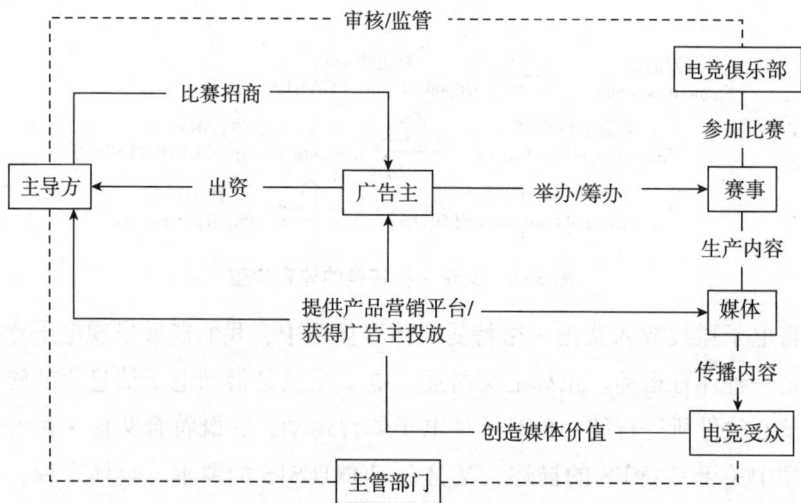

图 5-7　我国电子竞技体育产业链

（二）我国电子竞技体育产业从业人员概况

我国电子竞技体育产业的从业人员主要包括运动员、教练员、裁判员、解说员以及其他人员等。

1. 运动员

相较于传统的体育竞技运动，我国电子竞技运动的起步晚、发展速度缓慢，还未形成相对完善的运动员培养体系。在我国，电子竞技运动的运动员（职业选手）大多是由普通的游戏玩家转变而来的，他们没有经过科学化、系统化的训练，竞技技术与战术的获得多是在长期的自我摸索中领悟而来。由于缺乏专业的培训，加之国内电子竞技运动员岗位有限，我国电子竞技运动员的职业寿命通常都比较短。此外，由于电子竞技所能提供的岗位非常有限，大多数退役后的电子竞技运动员只能在其他领域开始新的生活。

2. 教练员

电子竞技教练员是指导电子竞技运动员的专业人员。通常来说，一个标准的电子竞技项目队需要 2 名专业的教练员，但由于我国电子竞技体育产业起步晚、发展慢，加之电子竞技参与人员数量有限等，电子竞技的教练员是比较缺乏的。

3. 裁判员

对于电子竞技而言，裁判员既是竞赛中的"执法人员"，又是竞赛的组织者和领导者，其水平的高低会对运动员技术与战术的发挥、比赛的效果等产生直接的影响。随着我国电子竞技体育产业的不断发展，近年来有一部分电子竞技运动员已在国际上崭露头角，这在一定程度上提高了我国电子竞技体育产业的知名度，但国内比赛中裁判员的屡次错判也确实大煞风景，这既显示了裁判员专业性的不足，也从更深层次体现了我国电子竞技人才的匮乏。

4. 解说员

和其他赛事节目类似，电子竞技赛事中也需要解说员，一般情况下，电子竞技解说工作由两人完成，其中一人负责画面描述，另一人负责评论和分析。在电子竞技赛事的转播中，解说员的精彩评论不仅能够吸引观众的眼球，而且能够提高赛事的观赏度，因此解说员需要对电子竞技中英雄的属性、技能等都特别熟悉，可见电子竞技解说员也需要很高的专业知识。我国电子竞技赛事中也有一些优秀的赛事解说员。

5. 其他相关人员

我国电子竞技体育产业的从业人员除运动员、教练员、裁判员、解说员之外，还包括电子竞技软件开发员、电子竞技管理员等。相较于运动员、教练员、裁判员、解说员，这些人员是电子竞技赛事顺利进行的幕后保障者，在我国电子竞技体育产业的发展中起着不容忽视的作用。

（三）我国电子竞技体育产业的主要收入来源

我国电子竞技体育产业的收入来源主要包括四种：游戏售卖收入、平台的增值服务收入、游戏周边产品的售卖收入、广告收入等。

1. 游戏售卖收入

游戏售卖收入主要有两种：一种是游戏软件的售卖收入，主要是指售卖单机游戏软件的收入；另一种是游戏 CD-KEY 的售卖收入，CD-KEY 是软件注册需要的序列码，实际就是软件的注册码。

2. 平台的增值服务收入

平台的增值服务主要包括游戏平台的增值服务和媒体平台的增值服务两种。

（1）游戏平台的增值服务

游戏平台作为电子竞技参与者竞赛、交流的中间平台，通过为参与者提供个性化的服务（如人物形象、个性皮肤、技能装备等）来获利，这不仅能够有效地满足参与者的不同需求，而且能够扩大自身平台的用户群，从而提高经济收入。

（2）媒体平台的增值服务

媒体平台的增值服务主要体现在媒体平台通过为参与者提供论坛功能强化、视频收看权限等服务与特权，来满足参与者的特殊需求，并使他们养成消费习惯，对平台产生依赖，从而提高经济收入。

3. 游戏周边产品的售卖收入

我国电子竞技体育产业游戏周边产品的售卖收入主要是指通过售卖以游戏标志、人物形象、剧情内容等为主题的产品的收入。

4. 广告收入

我国电子竞技体育产业中的广告收入主要有三种，分别是电子竞技游戏内置广告收入、电子竞技游戏视频广告收入以及电子竞技赛场广告收入。

三、我国电子竞技体育产业发展中存在的问题与对策

（一）我国电子竞技体育产业发展中存在的问题

我国电子竞技产业发展中存在问题主要表现在四个方面：社会对电子竞技的偏见、政府缺位和错位管理、电子竞技项目国产化程度低下、职业运动员匮乏。

1. 社会对电子竞技的偏见

电子竞技体育产业的兴起与发展是社会经济发展到一定程度的产物，与科技的快速发展以及人民精神文化需求的提高等都密切相关。在现实生活中，虽然电子竞技能够给参与者及观看者带来诸多的益处，但受传统理念的影响，社会上大多数人还是对电子竞技充满了偏见，再加上一些媒体大肆宣传"电竞沉溺论"，使得电子竞技成了"电子界"的"鸦片"。

社会舆论的偏见给电子竞技体育产业的发展造成了诸多不利的影响：电子竞技的相关企业无法体面地进入电子竞技体育产业形成的市场，电子竞技运动员无法享受到与一般运动员同等的待遇，广大电子竞技爱好者也只能"含蓄"地从事电子竞技事业。可以说，社会偏见是我国电子竞技体育产业发展的巨大阻力。

2. 政府的缺位和错位管理

2003 年，我国国家体育总局正式批准将电子竞技列为第 99 个正式体育竞赛项目。但在此之前，我国政府对电子竞技本质的认识是不清楚的，对电子竞技体育产业能够给其他产业带来的积极影响的预估是不足的，这就使得我国本就起步晚的电子竞技体育产业迟迟得不到有效发展。虽然这些情况已有所改观，但体制管理方面的不健全现象依然存在，政府缺位管理和错位管理依然可见。比如，一些管理部门因对电子竞技认识不到位，而采取不闻不问的放任态度，造成管理上的缺位；也有一些管理部门认为发展电子竞技体育产业有利可图，便开始插手对电子竞技的管理，但当出现问题时，各管理部门又开始相互推诿，一旦问题严重他们甚至会采取"一禁了之"的举措，造成管理上的严重错位，严重影响我国电子竞技体育产业的长足发展。

3. 电竞项目国产化程度低下

当下，我国电子竞技市场上的竞技项目有很多，如 FIFA 足球、反恐精英、星际争霸等，这些电子竞技项目都颇受人们的喜爱，有着可观的发展前景，然而遗憾的是，这些人们耳熟能详的电子竞技项目都是由国外开发商研发的。不可否认，我国的开发商也研发出了多种电子竞技项目，但由于国产软件技术含量不高、电子竞技产品质量低下等，导致我国的电子竞技项目在国际上的竞争力严重不足，而为了跟上国际电子竞技发展的步伐，我们又不得不高价购买由国外开发商研发的电子竞技产品。种种因素共同造成了我国电子竞技项目国产化程度低下的局面，影响了我国电子竞技体育产业的发展。

4. 我国职业电子运动员匮乏

职业电子竞技运动员的缺乏也是影响我国电子竞技体育产业发展的又一巨大阻力。虽然国家体育总局已在 2008 年将电子竞技改批为第 78 号正式体育竞赛项目，人们也逐渐认可了电子竞技这一正式的体育竞技项目，但受管理体制、传统社会理念等的影响，我国依然未出现正式的电子竞技运动员培训组织和机构，再加上已退役的电子竞技运动员难以得到有效安置、出路相对狭窄，导致很少有人愿意主动从事电子竞技事业，这些因素造成了我国职业电子竞技运动员的匮乏，也给我国电子竞技体育产业的发展带来了不利的影响。

（二）我国电子竞技体育产业发展对策

1. 增强社会对电子竞技的认识

电子竞技是一种借助网络进行的体育项目，参赛者可以通过网络与世界各地的对手进行对抗，在对抗时参赛者需要具备快速的思维判断能力，以实施有效的竞技战略，有助于锻炼自己的思维活跃性、提高自己的智力水平。但受传统理念的影响，还有不少人停留在"电子游戏误国误民"的落后思维中，因此应通过普及电子竞技相关知识，正确引导和规范电子竞技运动，来逐步增强社会对电子竞技的认识，为我国电子竞技体育产业的发展创造一个有利的环境。

2. 加强政府对电竞的支持引导

加强政府的支持和引导是促进我国电子竞技体育产业发展的重要举措之一。具体来说，政府应该改变对电子竞技的固有偏见，对电子竞技体育产业发展所能带来的经济效益和社会效益给予更多的关注，通过制定相关的法律法规、出台相应的政策等支持和引导电子竞技体育产业的发展，为我国电子竞技体育产业的发展营造一个良好的发展环境。

3. 加强电子竞技从业人员培训

电子竞技体育产业的发展离不开电子竞技人才的支持。电子竞技人才主要包括两个方面的内容：一是电子竞技项目研发人才；二是电子竞技运动人才。就电子竞技项目研发人才而言，受制于研发人才的匮乏，我国的电子竞技项目多从国外购买，这与我国电子信息技术高速发展的现状是严重不匹配的，因此，我国应当加强对电子竞技产品的研发和对相关技术人才的培养，以提高我国电子竞技项目的自主研发能力；就电子竞技运动人才而言，国家可以通过制定相应的管理制度、建立相应的培训组织或机构、完善电竞人才退役辅助策略等，吸引更多电子竞技爱好者参与进来，增加我国电子竞技体育产业发展的人才储备，提高我国电子竞技的国际竞争力。①

---

① 陈博．多元视角下体育产业的融合发展研究［M］．北京：中国经济出版社，2020.

参考文献

［1］ ［德］鲁道夫·希法亭. 金融资本：资本主义最新发展的研究 ［M］. 福民，译. 北京：商务印书馆，2009.

［2］ ［苏］列宁. 列宁全集（第54卷）［M］. 2版. 北京：人民出版社，1990.

［3］ 陈博. 多元视角下体育产业的融合发展研究 ［M］. 北京：中国经济出版社，2020.

［4］ 傅玉辉. 大媒体产业：从媒介融合到产业融合 ［M］. 北京：中国广播电视出版社，2008.

［5］ 海梦楠. 民族体育与文化产业融合发展 ［M］. 长春：吉林人民出版社，2020.

［6］ 刘吉，金吾伦. 千年警醒：信息化与知识经济 ［M］. 北京：社会科学文献出版社，1998.

［7］ 吕蕾. 高校体育资源与体育产业融合的联动发展 ［M］. 长春：吉林出版集团股份有限公司，2022.

［8］ 王拱彪. 贵州体育与养老产业融合发展研究 ［M］. 北京：科学技术文献出版社，2019.

［9］ 王俊豪. 产业经济学 ［M］. 3版. 北京：高等教育出版社，2016.

［10］ 徐英微. "互联网+"视域下体育产业发展创新研究 ［M］. 北京：中国原子能出版社，2019.

［11］ GreensteinS. and KhannaT. "What doesindustrial mean?" in Yoffie e-d. Competing in the age of digital convergence，U.S ［C］. The President and Fellows of Harvard Press，1997：201-226.

［12］ 李斌，等. 北京"金领"老年人调查报告：有钱、有闲、爱旅游、懂网购 ［R］. 北京：60家研究院，2017.

［13］ ［日］植草益. 信息通讯业的产业融合 ［J］. 中国工业经济，2001

（2）：4.

[14] Choi D, Valikangas L. Patterns of strategy innovation [J]. European Management Journal, 2001, 19 (4)：424-429.

[15] Gary Hamel, The Core Competence of the Corporation [J]. Harvard Business Review, 1990, 2 (5)：1-3.

[16] Rosenberg N. Technological change in the machine tool industry：1840-1910 [J]. The Journal of Economic History, 1963, 23：414-446.

[17] 安维强. 新时代体育文化产业融合发展研究 [J]. 文化产业, 2021 (28)：111-113.

[18] 贝利. 体育健身休闲产业与养老产业融合发展研究 [J]. 文化学刊, 2016 (4)：198-201.

[19] 毕金泽，郭振，林致诚. 中国电子竞技与产业发展研究 [J]. 北京体育大学学报, 2020, 43 (8)：87-96.

[20] 曾及恩，张嵘. 体育产业发展过程中的体育文化培养 [J]. 文体用品与科技, 2021 (22)：53-55.

[21] 曾文琳，李文涛，魏源鹏. 体养融合：体育与养老服务互动机制研究 [J]. 体育视野, 2022 (24)：35-37.

[22] 陈慧娟. 体育产业与养老产业融合动力的理论与实证研究 [J]. 山东体育学院学报, 2022, 38 (3)：82-90.

[23] 陈继岩. 文化创意产业学院体育产业化现状及策略研究 [J]. 科技展望, 2014 (24)：234.

[24] 崔为秀. 我国体育产业上市公司竞争优势分析 [J]. 河北企业, 2021 (8)：53-55.

[25] 董红刚，孙晋海. 体育产业：以关键词为视角的学术观念史叙事 [J]. 体育与科学, 2021, 42 (5)：37-45+65.

[26] 董金国. 论体育产业面临的机遇与挑战 [J]. 体育与科学, 2001 (2)：3.

[27] 付丽娟. 产业融合视域下体育产业与养老产业发展研究 [J]. 文体用品与科技, 2019 (1)：36-37.

[28] 郭少莹. 浅析体育文化与经济和谐发展的有效性 [J]. 中国储运, 2021 (5)：198-199.

[29] 郭燕. 体育文化产业及其发展研究 [J]. 文化产业，2021 (24)：75-77.

[30] 韩松，王莉. 我国体育产业与养老产业融合态势测度与评价 [J]. 体育科学，2017, 37 (11)：3-10.

[31] 胡峰. 论中国特色体育动漫 [J]. 北京体育大学学报，2011, 34 (2)：26-29+33.

[32] 黄丹，刘树军. "互联网+"背景下我国体育消费研究数据解读——基于 CiteSpace 可视化分析 [J]. 当代体育科技，2021, 11 (10)：1-5.

[33] 黄海容，曹瑾. 健康中国背景下福建省体育文化及服务与养老机构融合发展研究 [J]. 兰州文理学院学报 (自然科学版)，2023, 37 (1)：121-124.

[34] 黄河. 论广西体育产业发展对民族文化的影响 [J]. 广西民族大学学报：哲学社会科学版，2007, 29 (6)：4.

[35] 黄文宾. 我国体育服务消费转型升级的机遇、挑战与路径 [J]. 湘潭大学学报 (哲学社会科学版)，2021, 45 (4)：69-73+145.

[36] 贾磊，聂秀娟. 体育旅游与文化产业耦合协调发展评价研究 [J]. 体育科学研究，2021, 25 (3)：11-19.

[37] 蒋金鑫. 网络与数字时代的体育产业分析 [J]. 湖北第二师范学院学报，2020, 37 (7)：51-54.

[38] 蒋兴建，林利君. 共享经济视角下区域体育产业发展模式探究 [J]. 营销界，2021 (16)：49-50.

[39] 李东鹏，梁徐静，邓翠莲. "互联网+"背景下休闲体育产业发展趋势、动力和创新路径研究 [J]. 广州体育学院学报，2017, 37 (4)：33-36.

[40] 李昕阳. 体育强国建设背景下我国体育产业发展探究 [J]. 文体用品与科技，2022 (23)：44-46.

[41] 李哲，王诚民，陶梦. 冰雪体育文化产业与旅游产业融合发展研究 [J]. 边疆经济与文化，2022 (3)：45-47.

[42] 厉无畏. 创意产业与经济发展方式转变 [J]. 社会科学研究，2012 (6)：1-5.

［43］刘佳昊. 网络与数字时代的体育产业［J］. 体育科学，2019，39（10）：56-64.

［44］刘树民，金承哲，苏显春. 我国体育文化产业人力资源管理的研究［J］. 科技资讯，2021，19（33）：101-103.

［45］刘雅巍. 探析体育经纪人对体育文化产业发展的作用［J］. 文化学刊，2022（1）：24-27.

［46］刘悦. 我国体育文化创意产业的价值和发展探析［J］. 体育科技文献通报，2013，21（3）：24-25.

［47］刘志斌. 体育创意产业的内涵辨析［J］. 当代体育科技，2012，2（34）：82+84.

［48］刘志斌. 我国体育创意产业发展模式初探［J］. 当代体育科技，2013，3（14）：100-101.

［49］卢元镇，郭云鹏，费琪，等. 体育产业的基本理论问题研究［J］. 体育学刊，2001（1）：4.

［50］马广坤，胡帅. 电子竞技对我国体育经济发展的影响研究［J］. 当代体育科技，2021，11（31）：223-226.

［51］梅超智. 冰雪体育文化产业链的发展现状探析［J］. 中国商论，2022（3）：142-144.

［52］聂子龙，李浩. 产业融合中的企业战略思考［J］. 软科学，2003，17（2）：4.

［53］欧阳吉，赖健. 我国电子竞技产业发展"三原色"［J］. 清远职业技术学院学报，2022，15（6）：36-42.

［54］彭磊，刘洋，柯威，等. 民族传统体育与区域经济协调发展研究［J］. 鄂州大学学报，2021，28（3）：50-51+54.

［55］普瀚琪. 互联网技术支持下我国体育消费的发展现状与创新策略［J］. 冰雪体育创新研究，2022（6）：173-175.

［56］祁晓宇，刘学鹏. 新形势下青少年体育培训行业发展机遇及完善举措研究［J］. 内江科技，2022，43（8）：45-46.

［57］乔树，周明. 新形势背景下我国体育文化的创新与发展探讨［J］. 文化学刊，2022（2）：170-173.

［58］任子璇，王君. "体育+养老"产业融合发展探析［J］. 合作经济

与科技，2022（15）：40-41.

［59］汝铁林．"健康中国2030"战略下陕西省体育产业与养老服务业融合创新研究［J］．休闲，2019（3）：68.

［60］沈克印，吕万刚．体育产业供给侧结构性改革：学理逻辑、发展现实与推进思路［J］．武汉体育学院学报，2016，50（11）：29-35+41.

［61］宋亚佩，范铜钢．健身气功产业化发展困境与策略［J］．湖北体育科技，2021，40（4）：308-312+318.

［62］孙显仁．以体育产业促进"异地养老"群体的社会融入问题研究［J］．冰雪运动，2018，40（6）：36-39.

［63］孙长武，云鑫．中国动漫体育电影产业发展研究［J］．芒种，2013（10）：195-196.

［64］谭分全，刘次琴．新时代我国体育产业供给侧改革优化路径研究［J］．韶关学院学报，2021，42（9）：78-83.

［65］谭分全．体育产业与养老服务业融合模式与推进路径研究［J］．体育科技，2016，37（2）：103-104+106.

［66］汪逢生，王凯，李冉冉．体育产业与文旅产业融合发展机制、模式及路径［J］．体育文化导刊，2022（1）：85-91.

［67］王菲．我国城市老年人消费行为的实证研究［J］．人口与发展，2015（3）：12.

［68］王峰.《新养老时代》折射的现实养老机构体育服务文化现状分析［J］．芒种，2013（1）：80-81.

［69］王冠九，韩远明，袁松．我国养老产业发展现状与展望［J］．产业与科技论坛，2020，19（11）：11-12.

［70］王静，丁一．中国体育服务产业空间分布与集聚特征研究［J］．上饶师范学院学报，2021，41（2）：75-80+114.

［71］王艺婷．新媒体下社区体育养老新模式探析［J］．中国市场，2016（3）：207-208.

［72］王艺婷．新时代老年康养模式探析［J］．中国市场，2018（15）：58-59+63.

［73］魏强．我国体育产业融合发展：回顾与展望［J］．浙江体育科学，2021，43（5）：42-46+74.

[74] 文茹．"互联网+"时代大学生体育产品消费现状研究——以惠州学院为例 [J]．冰雪体育创新研究，2021（8）：145-146．

[75] 吴周礼．电视传媒对体育产业发展的影响 [J]．体育文化导刊，2006（9）：2．

[76] 肖亚康．新时代推动河南省武术文化产业小镇建设研究 [J]．中华武术，2021（12）：65-68．

[77] 谢群喜，薛庆云．武术产品提供健身养生服务的公益化逻辑 [J]．湖北体育科技，2021，40（4）：332-335．

[78] 熊高爕．促进我国体育动漫产业发展的措施 [J]．经济师，2012（9）：46-47．

[79] 杨华．"互联网+"背景下体育产业发展趋势与构建模式 [J]．当代体育科技，2021，11（20）：147-149．

[80] 杨建军，汤婧婕，汤燕．基于"持续照顾"理念的养老模式和养老设施规划 [J]．城市规划，2012（5）：8．

[81] 杨梅．新时期体育产业与文化产业融合发展策略研究 [J]．文体用品与科技，2021（11）：118-119．

[82] 姚国俊．体育产业和动漫产业融合前景分析——以芜湖市为例 [J]．科技信息，2014（11）：181-182．

[83] 叶宋忠．体育产业与养老产业的互动机制与融合过程 [J]．西安体育学院学报，2017，34（4）：442-446．

[84] 叶宋忠．体育产业与养老产业融合的演变过程与路径选择 [J]．西安建筑科技大学学报（社会科学版），2018，37（1）：31-36．

[85] 于刃刚，李玉红．产业融合对产业组织政策的影响 [J]．财贸经济，2004（10）：5．

[86] 于刃刚，李玉红．论技术创新与产业融合 [J]．生产力研究，2003（6）：3．

[87] 于洋．我国体育文化创意产业发展分析 [J]．四川体育科学，2014，33（1）：7-9．

[88] 岳志刚，王进忠．体育动漫对我国体育产业促进作用的分析 [J]．沈阳体育学院学报，2011，30（1）：25-27．

[89] 张思宁．创意性思维与创意产业发展研究 [J]．商业时代，2012

(29)：2.

[90] 张涛 . 我国体育文化产业可持续发展的策略选择 [J] . 文体用品与科技，2022（23）：63-65.

[91] 张玉兰 . 我国体育创意产业发展对策分析 [J] . 体育文化导刊，2014（1）：114-117.

[92] 张震 . 家庭代际支持对中国高龄老人死亡率的影响研究 [J] . 人口研究，2002，26（5）：8.

[93] 赵朗 . 新媒体时代我国体育产业的发展思考 [J] . 体育风尚，2021（10）：279-280.

[94] 赵乐发，李军岩 . 当前我国休闲体育产业竞争力提升的障碍性因素分析 [J] . 沈阳体育学院学报，2017，36（4）：31-35.

[95] 赵银 . 体育产业供给侧改革的动因与路径研究 [J] . 活力，2021（23）：110-111.

[96] 钟翔，李李 . 脱贫攻坚背景下我国农村体育公共服务发展的困境及对策研究 [J] . 攀枝花学院学报，2021，38（5）：25-30.

[97] 周鸿璋，刘周敏，曹庆荣 . 体育服务综合体空间分布特征及形成因素 [J] . 体育教育学刊，2022，38（1）：55-63. D

[98] 周莹 . 对提升我国体育文化产业竞争力的思考 [J] . 经济与社会发展，2008，6（6）：3.

[99] 周振华 . 产业融合：产业发展及经济增长的新动力 [J] . 中国工业经济，2003（4）：7.

[100] 朱大清 . 电竞体育产业的未来发展潜力 [J] . 全球商业经典，2020（7）：142-144.